JN425752

소셜 매니지먼트, ESG 그리고 임팩트 비즈니스

SOCIAL MANAGEMENT, ESG AND
IMPACT BUSINESS

소셜 매니지먼트, ESG 그리고 임팩트 비즈니스

SOCIAL MANAGEMENT, ESG AND IMPACT BUSINESS

이견직·곽진우·이동형 지음

자유아카데미

"미래 세대에게 더 나은 세상을 물려주자"

초 AI 시대, 더욱 심각해지는 기후 위협에 인간은 AI에게 특명을 내린다.

"기후 위협의 근본 요인을 제거해줘"

그 후 인류는 멸종하였다…

01

1970년대 UN의 연구 보고서 '성장의 한계(The Limit of Growth)'가 발표된 지 50여 년이 지나고 있다. 인류는 기후위기로 인해 현재와 같은 성장은 한계에 이를 수밖에 없다는 것이 그 연구의 결론이었다. 유한한 자원의 무한한 성장을 기대했던 인류에게 울린 경종이기도 하였다.

인류는 2020년의 코로나19를 통해 소홀했던 기후변화의 위협을 다시 실감하였다. 더불어 기존 경제 운영체계가 인류 사회의 불평등을 얼마나 심화시키는지도 새삼 목도하게 되었다.

초기 자유시장경제는 인류에서 보편성이라는 가치를 확립해주었다. 특권과 편법에서 벗어나 스스로 존중의 삶을 살 수 있는 가치를 심어준 것이다. 그러나 인류는 물질을 중시하면서 도래된 새로운 불평등 앞에 간신히 살려 놓은 인간성을 내던지기를 멈추지 않았다. 물질과 정신을 나누어 물질을 정신 위에 놓고, 끊임없이 상호의 관계를 끊어 개인이라는 개별 요소만의 고립을 자초하기에 이르렀다. 소유를 위해 기꺼이 쪼개져 서로 경쟁함으로써 효율의 극대화에 내몰렸다. 그 결과 찬란한 물질 풍요를 누리게 되었지만 물질 중시의 보편성이 사람을 지치게 하고 있다.

이제 인류는 물질 만능과 이윤 극대화가 삶과 기업의 목표가 되어버린 천박함과 야수성 위에 급기야 만물의 영장임을 자처하는 우까지 범하고야 말았다. 비극의 시작이었다.

02

오늘날 지구는 생명 호흡기를 달고 있다. 인류 존멸의 위기로 산정하는 티핑 포인트인 '기후 경계점'에 이제 단 1도만의 여지를 남겨두고 있다고 한다. 기후변화의 4대 지표라고 하는 온실가스의 농도, 해수면과 해수 온도 및 해양산성도 모두 상승하고 있다. 이스라엘 바이츠만 과학연구소(Weizmann Institute of Science)는 인간이 만든 인공물이 지구의 생물이 포함하고 있는 유기물질의 총량인 생물량(Biomass)을 넘어섰다고 네이처(Nature)지에 발표하였다.

이제 인류는 지구의 한계를 넘어섰다.

03

인류도 50년 전에 UN의 로마클럽이 판단했던 지구의 지속가능한 발전의 모습으로 삶을 영위해야 한다. 지속가능발전의 목표, 사회적이며 공유적인 경제, 이해관계자가 모두 참여하는 자본주의, 이를 위한 기업의 참여와 책임, ESG 등 사회적 경영과 경제로의 전환에 온 인류가 동참해야 한다. 그 중심에는 경제와 기업의 성과를 수혜 당사자인 결과(outcome)에서 이해관계자에 미친 영향과 변화까지 포괄한 임팩트(영향, impact)로 전환해야 하는 과제가 놓여 있다. 이미 인류는 성과를 산출(output)에서 결과로 변경시킨 경험이 있다. 이제 다시 한번 그 범주를 넓혀야 한다. 그 흐름 위에 우리의 생존과 인간다움이 놓여 있다.

사회적 경제는 반드시 온다. 이는 믿음의 영역이 아니라 이해의 영역이다. 20세기 대표 지성인 버트런드 러셀(Bertrand Russell)은 인간은 무지하게 태어났을 뿐 멍청하게 태어난 것은 아니라고 했다. 그가 지적한 멍청함의 원인은 인간의 인공물이자 합의한 지향점인 교육이며, 그 교육이 오늘의 우리를 멍청이로 만들었다. 따라서 이제 무지에서 벗어날 이해와 사고와 철학이 필요한 순간이 되었다.

04

자연이 자연인 이유는 스스로 그러하기 때문이다. 말로 형언할 수 없음이 곧 자연이다. 따라서 보고 싶은 대로 볼 수 없다. 그저 보이는 대로 봐야 한다. 이것이 공생의 진리이자 자연의 섭리다.

지구라는 자연은 수십억 년간 정비된 지속가능성의 회복력을 갖고 있다. 생명의 순환이 그것이다. 이어짐이고 전일성이다. 이제 우리는 지구를 도와야 한다. 이것이 생존의 해법이다. 전 지구적 합심과 매진만이 요구되고 있다.

지구라는 자연의 이해는 곧 시스템의 이해이자 시스템이 만들어내는 복잡성의 이해로 제시하고자 한다. 복잡성은 다양하고 중복적인 요소가 상호 의존적인 관계를 맺으면 나타나는 생명과 진화의 현상이기도 하다. 그 역동성이 복잡성을 만들어내며, 또 그 때문에 복잡성을 이해하기 어렵지만, 또 그 때문에 희망이 있다. 지구 스스로 회복할 수 있기 때문이다. '기후 경계점'을 지구에게 지켜주어야 한다. 이를 위해 우리가 할 일은 더 이상의 해악을 끼치지 않은 채 기다려 주는 것일 수도 있다. 이것이 이 책을 쓰면서 남기고자 하였던 지혜이기도 하였다. 그저 살아있는 시스템으로써 지구를 있는 그대로 이해함을 통해 지속가능성을 담보해 나가자는 것이다.

05

이윤 추구와 소셜 임팩트의 공존은 혁신을 넘어선 혁명이다. 우리는 그러한 경영학을 지향한다. 이제 경영학은 경제의 이윤을 넘어 상생의 생명으로 가야 한다. 지속적 성장에 대한 또 다른 표현이기도 하다. 분절을 넘어 이어짐으로 가야 하며, 기계체를 넘어 유기체로 가야 한다. 이는 좁게는 구성원과 조직이 함께 가며, 넓게는 경제와 사회와 환경이 함께 가고, 선진국과 중후진국이 함께 가는 방향으로의 전환이다. 인류사 없었던 일을 만들어야 하기에 이는 곧 혁명이다.

임팩트 비즈니스와 임팩트 경영은 더 좋은 사회를 만들기 위한 경영이며, '요소'를 넘어 '관계성'까지 활용하는 살아있는 시스템의 경영이다. 임팩트 경영은 개인으로 하여금 사회와 공공의 중요성을 자각하게 하고 스스로에게 의미를 부여하게 하는 경영이다. 이를 통해 개인을 자신보다 더 큰 가치에 헌신하게 하여 일의 종속에서 벗어나 주체가 되게 하는 경영이다. 그래야 보람을 느끼며, 자신을 벗어나 전체를 보게 된다. 이른바 스스로 경영자적 비전을 보유하게 되어 비로소 질문하게 하는 경영이다. 스스로 서는 경영이며, 일속에 자신을 찾고 만들어가는 경영이다.

따라서 임팩트 경영은 인간 중심의 자본주의하에서 자잘한 경영관리 기법을 녹여낼 수 있는 경영혁신을 위한 경영이다.

AI 중심의 4차 산업혁명은 초연결의 비경합적 신질서가 출현하도록 지향되어야 한다. 그 본질은 지속가능성에 있으며 이의 실현은 사회적 소명을 가진 임팩트 비즈니스의 출현으로 구체화될 것이다. 미션 중심성과 이를 성과로 전환할 수 있는 조직운영 능력이 경영의 본질이 되어야 한다. 시스템 사고, 균형적 사고 및 프로세스 중심적 사고 등에 기반하여 사고를 혁신하고, 이를 토대로 한 연결의 경제성 추구가 그 길을 안내할 것이다. 이 작은 시도가 수많은 사회적 경제조직이 출현하여 다양한 사회경제적 가치들을 창출함으로써 더 좋은 사회를 구현하여 우리 후대에 더 좋은 세상을 물려줄 수 있기를 감히 기대해 본다.

본서는 벤처 CEO인 ㈜마음인베스트의 곽진우 대표, 소셜 벤처인 소셜임팩트오퍼레이션스의 이동형 대표와 함께 집필하였다. 이론과 함께 현장의 경험과 실무의 중요성을 함께 언급하고자 한 시도였다. 미력하지만 시도와 의도가 독자에게 전달되기를 기대해 본다. 마지막으로 졸고를 편찬해주신 자유아카데미에 감사드린다.

2025년 4월, 저자들을 대표하여
담소재에서 이견직 쓰다

차례

PART 2 계획편

PART

1

환경편

Chapter 1

새로운 자본주의가 필요하다

01 무엇이 문제인가?

1. 사회적 경제의 도래

1) 이해관계자 자본주의로

오늘날 지구는 온난화로 기후 위기를 경험하고 있으며, 불평등의 심화 등 사회경제적 문제가 악화되면서 인간 생존의 문제가 전지구적 의제로 부상하고 있다.

이와 같은 대규모의 체계적 해결에 있어 기업의 사회적 책임이 강조되면서, 2019년 미국 재계를 대표하는 CEO로 구성된 비즈니스 라운드테이블(Business Round Table, BRT)[1]에서는 '기업의 목적에 대한 성명'을 통해 기존의 주주 이익 중심의 주주 자본주의(shareholder capitalism)에서 근로자와 고객, 협력업체, 지역사회 등을 포함하는 이해관계자

1 1972년에 경제, 사회 이슈를 논의하기 위해 설립된 단체로 현재 이해관계자 경영의 지속적 강화, 지속가능성과 환경중심 정책의 확대, 기술 발전에 따른 사회적 책임 강조 등의 방향성을 갖고 활동 중이다.

자본주의(stakeholder capitalism)로의 전환을 선언하기에 이르렀다. 이를 통해 ESG 경영을 비롯한 소셜벤처, 임팩트 스타트업들의 탄력적 성장의 토대가 마련되고 있다.

전 지구적 문제는 현시대의 가장 어려운 문제이다. 이를 해결함에 있어 기업은 현존하는 소비자 욕구를 가장 잘 충족하는 기능을 보유하고 있다. 여기에 이런 기업의 제품을 구매하고 싶어 하는 소비자의 준엄한 욕구와 투자의 방향이 더해지면서 자본주의의 근본적인 방향이 전환되고 있다.

2) 주주 자본주의의 한계

16세기 자급자족 생산체계에서의 초기 자본주의가 현대와 같은 모습을 띤 것은 18세기 중후반의 영국에서의 산업혁명(the Industrial Revolution)부터이다. 제임스 와트(James Watt)의 기술 혁신에 애덤 스미스(Adam Smith)의 경제 사상이 더해지면서 대량생산체계가 구축되었다. 특히, 스미스의 '보이지 않는 손' 이론은 자유 시장의 만능성을 강조하였고, 150여 년 이상을 이어오면서 보편성을 천명한 근대 국가 전개에 결정적인 역할을 하였다.

그러나 1920년 말, 대공황이라는 거대한 충격으로 인해 인류는 시장 방임에 한계를 인식하였으며, 시장에 정부 개입이 필요함을 깨닫고 초기 자본주의를 수정하기에 이른다.

이후 수정 자본주의는 서유럽의 전후 재건과 중산층 형성 등을 통해 40여 년간의 황금기를 누렸다. 그러다가 급속한 인구 증가와 성장 동력의 약화 등으로 1980년대 들어 미국의 레이건(Ronald Reagan)과 영국의 대처(Margaret Thatcher)로 상징되는 신자유주의가 등장한다. 시장 자유의 회복과 정부 개입의 최소화 정책을 근간으로 한 신자유주의는 또 다시 2007년의 금융 위기의 원인이 되면서 인류 역시 한 번 더 경제 진행의 방향성을 잃게 된다.

그간의 역사를 토대로 인류는 주주의 이익을 극대화하고자 하였던 주주 자본주의에 근본적인 한계가 있음을 목도하게 되었다. 자유시장 중심적 가치를 강조하면 파이(pie)는 키울 수 있으나 지속성에 한계가 있고, 반대로 삶의 질을 높이기 위해 분배중심적 가치를 강조하면 지속성은 개선되지만 파이가 줄어드는 한계가 그것이다.

기업의 존재목적을 경제적 이윤추구라는 단일목적에만 집중할 경우 고객의 호의적 태도의 획득 및 유지, 쾌적한 내부 노동조건의 유지, 푸른 환경 유지 등 중·장기적이고 급하지 않은 일에 대한 초점이 흐려져 조직의 지속적 성장에 커다란 제약이 됨을 수많은 사례를 통해 확인할 수 있다. 따라서 이윤추구의 경제적 목표보다 우선하는 최상위목표의 필요성이 제기되고 있으며, 이를 통해 비경제적 목표에 대한 정당성을 부여하고 경제적 목표와 비경제적 목표의 균형 있는 통합을 추진하고자 하는 노력이 폭넓게 시도되고 있다.

이를 반영하여 영리기업의 경우 사회적 책임에 대한 높은 의식을 갖지 못하면 오랜 기간 존속하기 어렵고, 비영리기업의 경우 시장적 가치를 강조하지 못하면 파이가 줄어드는 문제를 경험하게 되었다. 즉, 시장기능을 활용하지 않고서는 빵의 크기를 키울 수 없으며 분배기능을 활용하지 않고서는 지속적으로 생산할 수 없다는 것이다.

그 우려와 위기감이 파이와 지속성 양자 모두를 아우를 수 있는 방안 찾기로 이어지고 있다. 무질서한 사익추구의 자유방임적 자본주의에 비해 공정성이 매우 강조되고 제3의 자본주의라고 불리는 게이츠(B. Gates)의 '창조적 자본주의', 센(A. Sen)의 센코노믹스, 프라할라드(C.K.

Prahalad)의 저소득층 시장의 공략, 포터(M. Porter)의 '공유가치창출' 등이 모두 시장, 경제학, 경영학 및 경영전략 측면에서 사회와 경제의 통합을 통해 더 나은 사회를 건설하고자 하는 이상의 논의들을 담고 있다.

현재까지 파이 확대는 기업이, 또 삶의 질 개선은 정부가 맡아왔다. 양자는 시장과 사회라는 구분된 구역 안에서 끊임없이 대립하면서 더욱 철저히 자신의 힘을 키워오고 있다. 기업은 자신의 이익극대화를 위해서 환경파괴, 노조복지, 지역사회 현안 무시 등도 서슴지 않는다. 원가절감을 이유로 생산시설을 해외로 이전해 지역기반을 송두리째 흔들어 버리기도 한다. 정부를 이를 치유하기 위해 기업에게 세금을 징수하여 국민에게 복지서비스를 제공하고 있다. 기업의 박애는 그저 홍보 차원에만 머무를 뿐 본업과는 별개이며, 기업만큼 소비자의 욕구를 파악할 능력이 없는 정부는 눈먼 세금을 자기 돈처럼 아끼지 못하고 있다.

그 결과 정부는 개인을 신뢰하지 않고 자신이 모든 것을 할 수 있다는 오만함으로 인해 정부실패를 낳았고, 기업은 이익창출만이 자신의 역할이라는 이기심에 사로잡혀 시장실패를 야기하고 있다.

2. 사회적 경제의 개념

사회적 경제에 대한 정의는 국가와 시대별로 다양한 개념으로 소개되고 있다. OECD는 '국가와 시장 사이에 존재하는 조직에 내재된 것으로 사회적 요소를 동시에 추구하는 것'으로 보고 있으며, EU는 '참여적 경영 시스템을 갖춘 협동조합, 상호공제조합, 사단, 재단 등이 사회적 목적을 추구하기 위한 경제적 활동'으로 정의하고 있다.

우리나라의 경우는 2017년에 논의된 사회적경제 활성화 방안에서

'구성원 간 협력과 자조를 바탕으로 재화와 용역의 생산 및 판매를 통해 사회적 가치를 창출하는 민간의 모든 경제적 활동'을 사회적 경제로 정의하고 있다.

02 어디로 갈 것인가?

1. 전일적 세계관과 4차 산업혁명

1) 세계관, 환원적 vs. 전일적

과연 조직은 부분의 합일까? 아니면 그 이상일까? 전체로써 조직은 부분이 최선을 다할 때 가장 좋은 상황에 놓이게 될 것인가? 전체를 부분으로 나뉘어 서로 경쟁을 시키고 이를 통해 효율을 얻고 성과를 창출하고자 하는 시각을 부분 최적화(local optimum)적이고 환원주의적 세계관(reductionism)이라 한다. 이에 반해 조직 전체의 성과극대화를 위해 서로 협력하게 하는 시각을 전체 최적화(global optimum)이자 전일주의적 세계관(holism)이라 할 수 있다.

근대 서양의 과학철학에 근거하여 전체를 이성과 논리로써 철저히 쪼개 들어가 단순한 본질을 찾고자 하는 방법론을 환원주의라 한다. 즉, 요소(element, node)와 관계(relation, link)로 구성된 시스템에서 관계를 잘라 들어가 요소에 집착하여 더 이상 쪼갤 수 없는 요소를 본질로 보았다. 환원주의는 이 본질로 전체 시스템을 설명하고자 하는 시도로, 이는 마치 기계를 이해하기 위해서는 보다 작은 요소들로 분해하여 그 각각의 기능을 탐구함이 가장 바람직하다는 것이며 또 간명할수록 좋은 이론이라는 주장이다. 하나를 통해서 여럿을 보려 한다고 할 수 있다.

이에 반해 전일주의는 시스템을 있는 그대로 통찰하여 보고자 하는 방법론이다. 본질보다 관계성으로 구성된 실존을 중시하며 구성요소의 상호작용에 초점을 두고 전체를 관망하려는 접근법이다. 카프라(F. Capra)는 정태적으로 분리된 각 부분의 작동이 전체의 기능을 결정하는 것을 기계로 보았으며, 유기체는 동태적 부분들이 상호 의존관계에 있으며 부분은 전체의 필요에 따라 역할하는 종합적이고 통일적인 것으로 보았다.[2] 여럿을 통해서 하나를 보려 한다고 할 수 있다.

기계론적이며 분열적 세계관에 입각한 환원주의는 대상의 명확한 이해를 가져와 측정, 관리, 개선을 용이하게 하였고, 과거 생산성 향상에 지대한 공헌을 하였다. 그러나 이러한 조각들이 정말 다른 것이라 믿는 것이 오늘날 조직과 종업원뿐 아니라 종업원 간의 분리, 노사의 대립, 조직의 사회와 생태계에 대한 위협 등 조직 위기의 근본 이유가 되고 있다. 불가분의 상호연관성과 상호작용성, 유기적 생태관에 기초한 전일주의적 세계관으로 다시금 이끌리는 이유가 여기에 있다.

2) 초연결의 4차 산업혁명

'다보스 포럼'이라는 세계경제포럼(World Economic Forum)을 창립하고 '4차 산업혁명'이라는 개념을 처음으로 주창한 클라우스 슈밥(Klaus Schwab)은 21세기의 본질을 초연결성에 기초한 상호의존성(interdependence)으로 보고 4차 산업혁명의 방향성이 이를 향하고 있음을 강조하였다.

초연결성은 생산성 체증을 초래해 다음과 같은 극단적인 세상 전

2 F. Capra(김용정·이성범 역), 현대 물리학과 동양사상, 범양사, 2006.

개의 방향타를 제공할 것으로 보인다. 그 하나는 빈익빈 부익부라는 승자독식의 양극화 세상이며, 나머지 하나는 한계비용 제로를 통한 나눔과 공유의 세상이다. 전자는 시장의 이기성을 더욱 부채질하여 물질적 이득에 함몰되는 기존 경제의 강화라면, 후자는 공동의 이익에 기초하여 저성장 및 탈성장의 대안이 되는 경제이다.

유한 자원의 무한 성장을 꿈꾸던 경제가 4차 산업혁명을 추진 중에 있다. 4차 산업혁명을 이해하기 위해서는 먼저 시스템의 개념을 이해할 필요가 있다. 외부 환경과 상호작용하는 개방 시스템을 강조한 베르탈란피(L. Bertalanffy)는 시스템을 개별 요소(element, node)와 그들간 관계(relation, link)의 집합으로 보았다. 그 시스템이 창출하는 에너지를 우리는 시스템 에너지, 즉 시너지(synergy)라 한다. 따라서 4차 산업혁명은 시스템이 창출하는 가치가 기존의 한계 생산성이 체감하는 '토지', '노동', '자본'이라는 요소 중심에서 한계 생산성이 체증하는 관계 중심인 '네트워크'로의 전환을 의미한다. 요소의 수가 N이면 이들의 관계수는 N(N−1)이다. 즉, 연결이 강화될수록 변화는 기하급수적이며, 이를 멧칼프의 법칙(Metcalfe's law)이라고 한다. 사회는 곧 이러한 멧칼프의 법칙이 작동하는 메커니즘으로 변모할 것이다.

이로 인해 4차 산업 혁명은 우리의 미래를 극단적인 현상으로 내몰 것이다. 예상할 수 있는 한 극단은 허브(hub)라는 소수의 요소에 관계가 집중하는 '빈익빈 부익부'라는 승자독식의 양극화의 사회일 것이다. 다른 한 극단은 추가 생산비가 들지 않는 한계비용 제로의 사회로써 공유와 나눔의 사회적경제가 될 것이다. 여기에 자동화와 로봇, AI가 결합하면 유급 노동에서 벗어나 자본주의가 궁극적으로 지향했던 '일하지 않는 사회'의 출현까지 기대할 수 있다. 이는 케인

즈(J. Keynes)가 말했던, 21세기가 되면 노동 생산성이 향상되어 주당 15시간의 노동으로도 충분히 생활할 수 있을 것이라는 예상과 맥락을 같이한다. 따라서 시스템을 어떻게 형성하고 그 에너지인 시너지를 어떤 방향으로 극대화할 것인가라는 국가 리더십과 거버넌스가 너무도 중요해지게 될 것이다.

현재 우리는 이 양극단의 기로에 서서 어떤 삶을 살 것인가라는 존망의 선택을 하여야 한다.

2. 공유 경제

1) '희소성의 경제'를 넘어 '풍요의 경제'로

미래학자 제레미 리프킨(J. Rifkin)은 20세기 자본주의 시장경제가 경험했던 거대한 혁신 추력에 뒤지지 않는 협력적 공유에 기초한 혁신과 창의성의 민주화가, 금전적 보상에 대한 기대보다 인류 사회적 행복을 증진하려는 욕망에 기초한 새로운 종류의 자극으로 작용할 것이라 전망하고 있다. 자본주의가 시장의 이기성에 기초하여 소유권과 교환가치 및 물질적 이득에 의해 주도된다면, 공유사회는 공동의 이익에 기초하여 접근권과 공유가치 및 서로 연결하여 공유하고자 하는 동기에 의해 주도된다. 자본주의가 시스템의 요소에 중점을 두고 전개되었다면 공유사회는 요소 간의 관계에 초점을 두고 확산될 것이라 보았다. 따라서 공유사회는 관계성의 회복과 확장을 독려하기 위하여 분산적이며 수평적 대중 협업과 보편적 접속, 개방성 및 비배제성의 가치를 추구하게 된다고 보았다.

특히, 리프킨은 산업이 혁명하는 핵심 인프라로 커뮤니케이션, 에너지, 물류를 거론하면서 새로운 에너지는 엄청난 생산성향상을 가져왔고, 새로운 커뮤니케이션은 관리의 범위를 광범위하게 확대 강화시켰으며 또 새로운 물류는 경제 활동의 지리적 범위를 크게 확장시키며 산업혁명을 이끌고 있다고 보았다.

1차 산업혁명은 기존의 풍력과 수력에 의존하던 에너지를 석탄 동력으로 대체하면서, 인쇄라는 커뮤니케이션 혁명과 증기기관차라는 물류혁명이 융합하면서 전개되었으며, 2차 산업혁명은 석탄 동력이 석유로 대체되면서 전화라는 커뮤니케이션 혁명과 내연기관이라는 물류혁명이 20세기를 지배하면서 실로 대단한 자본주의를 전파시켰다고 분석하였다.

자본주의의 발전은 생산성을 높이고 한계비용을 떨어뜨리는 경쟁시장 고유의 기업가적 역동성에서 비롯되는데, 한계비용이 계속 제로를 향해 가면 이윤을 확보할 수 없는 근본적인 모순을 내포하고 있다. 따라서 경제 패러다임의 변화는 필연적일 수밖에 없으며, 그 모습은 '희소성에 기초한 경제'에서 '풍요의 경제'로의 이행할 것으로 전망하였다.

2) 기술의 진화와 한계비용 제로

그는 풍요로움에 기초한 협력적 공유사회가 가능한 이유로 제로 수준으로 떨어질 한계비용의 도래로 설명하고 있다. 이는 무료에 가까운 재생에너지의 출현과 사물인터넷(Internet of Things: IoT)[3]에 기초한 커뮤니케이션 및 3D 프린팅과 같은 속성을 가진 물류혁신이 이를 뒷받침할 것으로 예상하였다. 모든 사물이 모든 사람과 연결되면 인터넷을 통해 빅데이터(big data)가 공급되어 3차 산업혁명인 공유경제의 촉매역할을 할 한계비용 제로 현상이 보다 현실적으로 다가올 것으로

3 사물인터넷이란 각종 사물에 센서와 통신기능을 내장하여 실시간으로 데이터를 인터넷으로 주고받는 기술이나 환경을 말한다.

전망한 것이다. 즉, 사물인터넷이 희소성에 기초한 경제를 서서히 풍요의 경제로 이전시킴에 매우 중요한 역할을 할 것으로 분석하였다. 사물인터넷은 리프킨 그 자신이 주장한 산업혁명의 세 가지 인프라인 에너지와 커뮤니케이션 및 물류의 모든 측면에서 변화를 미칠 것으로 그는 보았다.

또한 3차원의 도면을 바탕으로 연속적인 계층의 물질을 뿌리면서 3차원의 물체를 만들어내는 제조기술인 3D 프린팅(3 dimension printing)은 사물인터넷 경제에 동반된 제조 모델로 사물인터넷과 함께 실로 획기적인 사회·경제적 변화를 초래할 것으로 전망되고 있다. 3D 프린팅이 가능하다는 것은 이제 소비자가 생산을 직접 담당함을 의미하는 것이다. 전통적인 제조모델은 생산자, 유통자, 소비자가 서로 분절되어 구분되었지만, 본 제조모델은 생산자가 소비자가 되는 모델로 유통자가 사라진다. 이 또한 한계비용이 거의 들지 않는 사회로의 이행을 촉진시켜 공유경제 확산에 기폭제 역할을 할 것으로 보았다. 즉, 3D 프린팅은 사물인터넷과 함께 3차 산업혁명의 핵심으로 자본주의 시대의 대량생산체계를 협력 시대의 대중생산체계로 변화시킬 것으로 전망하였다.

3. 복지 자본주의[4]

1) 복지 자본주의란

한국 사회의 허약한 사회정책의 전개 방향을 굳건히 하기 위해서는 4차 산업혁명이라는 기술 혁명이 자본 시장을 활용한 자본주의 경제와 공진화하는 이른바 '복지 자본주의'의 전개가 요구된다. 이는 경

4 저자의 한림대 도헌학술원의 한림패스파인더 칼럼(2023)에서 일부 발췌하여 정리하였다. (https://doheon.hallym.ac.kr/)

제정책과 별개로 추진되어온 기존 사회정책을 비용 효과적으로 유도할 뿐 아니라 극심하게 전개될 양극화에 효과적으로 대응할 수 있게 할 것이다. 오히려 기존의 독단적 복지정책이 더 많은 재원 소요를 초래하는 고비용 정책이며, 고객 욕구 충족의 최선봉 조직인 기업을 배제한 시도는 국민을 더욱 불행하게 만들 것이다. 원래 하나의 시스템으로 구동되는 공동체를 사회, 경제, 환경 분야로 분리해 정책화한 환원적 정책은 이제 더 이상 유효하지도 않고 타당하지도 않다는 것 역시 코로나 팬데믹을 겪으며 확인되었다.

서양 중심의 환원주의를 극복하여 인위적으로 분리한 경제와 사회 시스템을 원래대로 상생하는 전일적 시스템으로 되돌려 놓아야 한다. 4차 산업혁명의 초연결로 창출된 시스템의 에너지를 인간과 지구를 위해 사용하자. 엔진이 경제라면 사회는 브레이크이다. 이제 브레이크가 고장난 폭주차를 내다 버리자.

2) 복지 자본주의의 일면

사회+금융+기술의 공진화를 근본으로 하는 복지 자본주의의 일면은 다음과 같을 수 있다.

먼저, 정부는 퇴직연금과 같은 공적 연기금을 자본시장에 적극적으로 활용하자. 연기금의 투자 확대는 기업가치를 올려 기술혁신을 독려할 수 있으며 창출된 제품과 서비스로 사회정책을 견인하게 하고 아울러 확대 투자로 청년 창업, 저출산, 노후대책을 마련하는 선순환 구조를 형성하도록 하자.

현재 퇴직연금('19)의 경우, 그 규모가 220조 원이 넘는데 이중 주식과 채권에 대한 투자가 각각 전체의 2%와 6% 수준에 (2%대 수익률) 머무르고 있다. 미국, 호주, 캐나다 등의 퇴직연금의 주식 투자 비중

40%대와는 비교도 할 수 없으며, 일본의 15% 수준과도 큰 차이가 있다. 채권까지 포함하면 한국 8%, 미국, 캐나다, 호주는 60~70%, 일본은 75%로 그 차이는 더욱 벌어진다. 더 큰 문제는 퇴직연금 가입자 중 97%가 사전에 해약하는 등 연금의 취지가 무색하게 작동하고 있음에도 정부가 해법을 제시하지 않고 있다는 점이다.

2020년 현재 주식시장의 규모(시가총액)는 미국, 일본의 경우 한국 대비 각각 20배(30조$), 4배(5조$)이며, 미국 애플(1.5조$)의 시가총액이 한국 전체 주식시장의 시가총액과 비슷한 수준에 있다. 무엇보다 우리나라 주식시장의 규모는 경제규모에 비해 저평가되어 있어 너무 낮은 불균형을 초래하고 있다('20, 국가별 PER(주가수익비율)값은 미국 23.7배, 일본 23.6배, 중국 16.4배, 한국 15.4배). 한편, 국민연금의 경우 2023년 현재 거의 1,000조 원에 이르는데 이중 국내 주식 보유분은 145조 원으로 보유 비중을 15% 내외에서 기계적으로 맞출 수밖에 없는 규제는 국내 증시 성장은 물론 산업경제 성장에도 적지 않는 제약이 되고 있다.

3) 미국의 사례

미국의 경우, 자본시장을 활용해 노후대책을 국가가 간접적이지만 매우 효과적으로 견인하고 있음에 주목해야 한다. 미국을 단순하게 시장 지향적인 국가로만 이해했다면 이는 반만 이해한 것임을 앞에서 지적하였다. 미국은 401K라는 정책을 통해 모든 취업자가 퇴직연금에 적극적으로 가입하도록 권장하고 있다. 미국 증권시장의 장기적인 우상향 성장세는 경제적 성장 외에도 대국민 노후대책의 안정적 견인이라는 정부의 역할과도 밀접하게 관련되어 있다.

미 정부는 공공 R&D를 통해 장기간 개발이 필요하거나 불확실성이 높은 기술 및 기반 기술을 개발하고 이를 시장에 위양해 민간 시장을 부양하고 있다. 그 대표적인 기술이 국방부가 개발한 인터넷, 해군이 개발한 반도체, 국립보건원에 의한 신약개발 등이 있으며 그 외에도 음성인식, 터치스크린, 배터리, 모바일, 우주항공 기술 등 이루 헤아릴 수 없이 많다. 토대 기술들은 민간이 독자적으로 개발하기 어렵기에 정부가 나서서 개발하고 이를 민간에 전수해 기업 가치 제고로 수많은 벤처들의 기술들을 주식을 주고 살 수 있도록 하고 있다. 이는 스스로 기술을 개발하는 것보다 빠르게 양질의 기술을 흡수할 뿐 아니라 개인 창업 및 고용 활성화에도 엄청나게 기여하여 세계적인 기업들의 끊임없는 등장 배경이 되고 있다. 이렇게 상당 부분의 퇴직연금에 할당된 주식 투자는 기업가치 제고라는 주가 상승으로 나타나 궁극적으로 개인의 안정적인 노후대책으로 선순환되고 있다. 자본주의를 제대로 활용하고 있다는 말이다.

완전자율주행차가 가져올 노인과 장애인의 이동의 자유는 그 어떤 복지 정책보다 반향이 클 것이다. 자율자동차는 당연히 운전자와 운전면허증이 필요 없다. 안전 운행이 가능하기에 자동차 보험의 필요 여부와 필요 시 제조사가 부담함이 타당할 정도로 차보험 관행에도 큰 변화가 야기될 것이다. 차의 구조물도 기존 철과 알루미늄에서 덜 강하고 덜 무거운 소재로 변화될 것이며, 한 대의 자동차로 가족이 모두 사용할 수 있으니 자동차, 대중교통 수요 및 주차와 도로 공간 등도 줄어들 것이다. 사고 환자를 진료하는 병원도, 카센터도 줄어들 것이다. 그 대신 차 안에서 소비할 콘텐츠는 대폭 증가하는 등 이 혁신기술 하나만으로도 엄청난 사회적 변화를 경험하게 될 것을 쉽게 생각해 볼 수 있다.

4) 다르게 생각하자

문제없는 시스템은 없지만 자본주의 자체를 대체할 시스템도 없다. 독단적 재분배가 아닌 자본시장을 활용한 복지 자본주의의 전개는 복지와 자본주의가 모두 살 수 있는 길이다.

경제적 가치창출은 원래 집합적 과정이다. 다시 말해 기업의 전담이 아니라 상당 부분을 공공, 시민단체, 개인에 의한 인프라, 치안 등의 법질서, 양질의 노동력 제공 등의 토대 위에서 모두의 기여로 창출하는 것이다. 이를 인정하지 않는다면 홀로 오벽지로 가서 현재와 같은 부와 건강을 누릴 수 있는지 자문해 보기 바란다. 80% 이상은 공공이 제공한 우수 인력, 공적 인프라 위에 얹힌 결과임을 기업도 자각해야 한다.

한편, 기업의 주인인 주주에게 배당을 지급하듯이 국가의 주인인 국민에 대한 국가 배당금 지급도 검토해야 한다. 어떠한 형태가 되었건 기본 소득이나 인권이 강조된 사회 배당금의 대국민 지급은 시혜가 아닌 권리라는 가치를 존중하고 이것이 자본주의 최대 성과라고 받아들일 때 우리의 자본주의는 더욱 성숙할 것이다.

03 어떻게 할 것인가?

1. 개인, 기업, 사회 그리고 혁신

개인과 기업은 사회 속에 존재한다. 이 세 요소는 서로 관계되어 있다. 개인은 노동을 제공하며 그 대가로 임금을 받기 위해 기업에 고용되고, 기업은 생산물을 제공하여 그 대가로 이윤을 창출하기 위해 사회에 속해 있다. 이렇게 서로 연관되어 있으면서 서로는 각자의 영역에서 개별적으로 최선을 다하고자 하였다.

개인은 기업에 종속되어 그 자발성을 제한받고 있으며, 기업은 그러한 개인을 움직이게 하기 위해 끊임없이 경영하고 관리한다. 가장 큰 이유는 개인의 성장은 기업의 성장과 함께 하지 않기 때문이다.

기업은 사회와 분리되어 이기심에 기초한 이윤극대화에 함몰하며, 사회는 그 과정에서 파생된 문제를 치유하기 위해서 세금과 법규정으로 규제한다. 이 또한 기업의 성장이 사회의 성장과 함께 하지 않기 때문이다.

달도 차면 기울듯이 개인과 기업과 사회가 개별적으로 분리되어 최선을 다함에 따른 장점이 퇴색하고 있다. 쉽게 말해 그 후유증이 이점을 잠식하여 '실행 가능한 새로운 아이디어'인 혁신(innovation)이 필요한 시점이 되었다.

오랜 기간 형성된 관계성의 변화는 혁신의 대상이 되어 오늘의 우리 앞에 다가왔다. 이제 개인은 기업의 성장과 그 궤를 같이하고 기업 성장의 주체로 회복될 것을 요구하고 있다. 이것이 경영혁신(managerial innovation)의 핵심 내용이다. 사람 중심의 경영으로 조직에서 인간관의 변화를 의미한다. 인간은 더 이상 관리의 대상이 아니며 기계가 아닌 유기체로서 스스로 규율하며 성장하려는 욕구를 기업 성장의 원동력으로 전환하는 경영으로 혁신해야 한다.

또한 기업은 사회의 성장과 그 궤를 같이하고 사회 성장의 주체로 자리매김할 것을 요구받고 있다. 이는 사회혁신(social innovation)의 핵심 내용이다. 행복, 인구 노령화, 기후변화, 불평등, 풍요에 따른 인간행동, 만성질환 등의 문제는 모두 기존 모델들이 잘 작동하지 않는 경직되고 상상력이 부족한, 주요 사회혁신의 대상들이다.

천부인권을 부여받은 인간과 달리 기업은 사회로부터 법에 의해 인격을 부여받은 존재이다. 초기 사회가 기업에 부여한 책임은 생산물을 제공하라는 것이었다. 당시에 비해 기업은 어마어마하게 성장하여 국가보다 더 큰 영향력을 발휘하게 되었다. 이제 사회는 거대하게 성장한 기업에게 초기 책임론에 머물러야 할 것인지 아니면 변화된 영향력에 걸맞은 새로운 책임을 부여할 것인지 그 전환의 시점에 서 있다 하겠다. 공유가치를 창출하라는 요구는 이를 반영한 흐름이라 하겠다.

이와 함께 개인이 사회의 성장과 그 궤를 함께할 것을 요구하는 흐름도 있다. 프랑스 파리정치학교의 소르망(G. Sorman) 교수는 사회의 3대 기둥으로 정부, 시장과 함께 박애(philanthropy)를 기반으로 하는 민간의 역할을 강조하였다. 우리의 삶을 형성하는 데 필요한 권위와 이윤의 영역을 담당해 온 정부와 시장만으로 충분하지 않음에 기초해 선의(goodwill)에 바탕을 둔 박애 부문의 발달이 절실해지고 있음을 지적하였다. 박애는 정부와 시장과 달리 누구의 간섭도 받지 않는 개인의 선택에 기초하고 있으며, 반드시 성공해야 할 의무도 없음이 특징이다. 예컨대 야생 거위를 보호하는 활동을 하고 싶다면 그냥 하면 되는 것이 이에 해당한다.

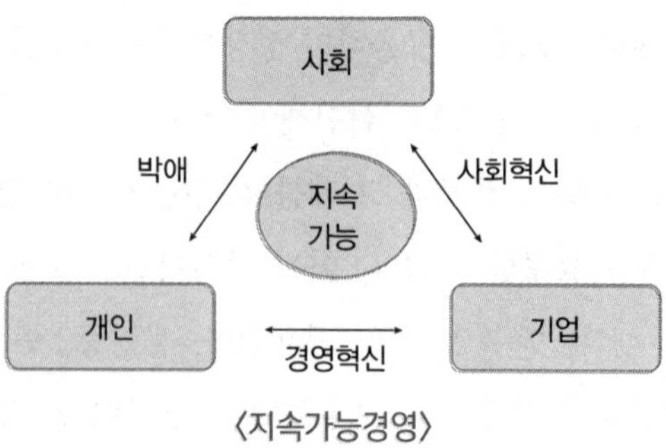

〈지속가능경영〉

박애는 시행착오를 용이하게 하여 새로운 시도가 활발하게 일어나도록 하는 장점을 갖는다. 이를 통해 누구도 해결책을 제시하지 못하는 사회의 수많은 문제에 변화를 가져올 수 있을 것으로 기대하였다.

이렇게 개인과 기업이 또 기업과 사회가, 또 개인과 사회가 서로 성장의 궤를 같이할 때 지속가능성은 보다 강화될 것이다.

2. 인간이 중심이면 지는가

1인당 국민소득이 백 달러도 되지 않던 시절에 기술된 주류 경영학과 경제학은 그 당시 인간관을 그대로 반영하여 인간을 기계적 투입 요소의 일환으로 치부하였다. 그 결과 조직생활 속에서 인간은 이윤극대화를 위한 생산성 향상의 수단이었으며 이는 1인당 국민소득이 3~5만 달러에 이르는 오늘날까지 이어져 오고 있다. 과연 인간은 이러한 경제 수준의 변화 속에서도 여전히 삶의 질을 희생해가면서 경제적 산물의 양만 늘리려 하는 생산성 향상에만 매달릴 것인가? 아니면 새로운 수단을 찾아 생산성도 향상하면서 삶의 질도 제고하는 방안을 갈구하고 찾게 될 것인가?

이제 한 번쯤은 의문을 갖고 질문을 해야 할 때가 되었다.

그 첫 번째는 "시장과 사회는 분리되어 접근할 수 있는가? 시장 또한 사회의 일원이 아닌가?"이며, 두 번째는 "기업은 삶의 질 개선을 본업으로 하여 이익을 창출할 수는 없는가? 사회보장은 꼭 정부만이 담당해야 하는가?"이다.

그리고 그 정점에 있는 것이 인간관에 대한 질문이다.

"인간이 중심이면 지는가?"

본서는 이 질문에 기초하여 시작하려 한다.

Chapter 2

지속가능발전 그리고 ESG

01 지속가능발전

1. 지속가능발전 소개

'지속가능성'이라는 용어는 1713년에 처음으로 사용되었지만, 현재 가장 널리 통용되고 있는 지속가능성 개념은 1987년 발표된 〈우리 공동의 미래〉라는 보고서를 근간으로 한다.

1972년 당시 산성비로 피해를 보고 있던 스웨덴의 스톡홀름에서 개최된 UN의 제1차 인간환경회의에서 '경제, 사회, 환경을 아우르는 지속가능발전 또는 개발(sustainable development, SD)'이란 개념이 처음으로 소개되었다. 이는 일반적으로 '환경을 보호하고 빈곤을 구제하며 장기적 성장을 이유로 단기적 자연자원을 파괴하지 않는 경제적 성장을 창출하기 위한 방법들의 집합'이라는 의미로 받아들여지고 있다. 즉, 생태적 지속가능성(ecological sustainability)과 경제적 개발 또는 성장

(economic development)을 합쳐 자연생태계의 범위 내에서 경제 성장을 이루자는 개념으로 소개되었다.

이후 1974년에 발간된 로마클럽의 〈성장의 한계 The Limits to Growth〉라는 보고서는 자연자원 부족의 문제를 넘어 개발이 가져 올 환경오염과 사회적 불균형에 대한 문제를 해결하지 않으면 성장은 한계에 봉착할 것이라 하면서 성장에 대한 세계적인 관심사를 불러일으켰다. 이후 지속가능개발은 UN의 세계환경발전위원회가 1987년에 발간한 브룬트란트(Brundtland) 보고서인 〈우리 공동의 미래 Our common Future〉에서 '미래 세대가 누릴 수 있는 환경을 훼손하지 않는 한도 내에서 현재 세대의 필요를 충족시키는 개발'로 정의하면서 대중화되었다.

2. 지속가능발전의 개념

지속가능발전이 중요한 이유는, 이 개념이 경제와 생태가 분리된 것이 아닌 상호 관련된 하나의 시스템을 구성하고 있음을 자각하게 하였다는 점에 있다. 즉, 경제는 사회의 일원이며 사회는 환경 속에 속해 있는 하나의 복합체여서 이들을 떼어놓고 논할 수 없다는 것이다.

따라서 경제적 개발 방식 또한 자원소모적인 생산 및 자연의 수용능력을 초월한 쓰레기의 배출 같은, 투입과 산출에 있어서 자연의 능력을 전혀 고려하지 않는 지금까지의 모습에서 벗어나 자연의 수용한계 내에서 조화롭게 이루어져야 한다. 이와 함께 기업이 사회적 책임을 부차적으로 취급하는 접근 방식 등으로는 인류는 더 이상 성장을 기대하기 어렵다는 사실을 인정해야 한다.

이러한 측면에서 지속가능발전의 세 기둥은 효율성을 담보하고자

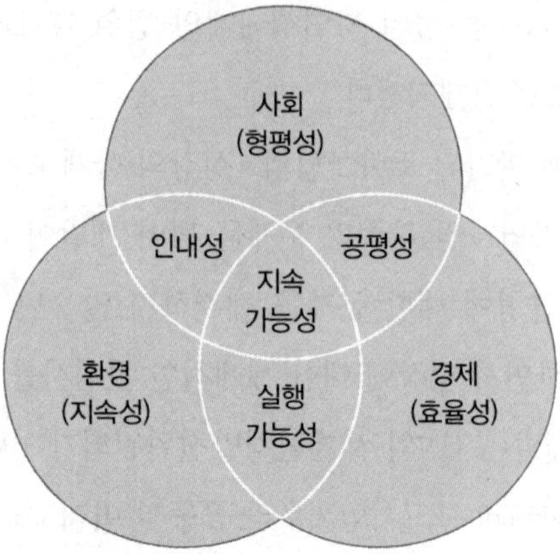

〈지속가능발전의 개념〉

하는 경제와 형평성을 견지하고자 하는 사회 및 지속성을 도모하는 환경으로써 경제와 사회는 각각 사회와 환경의 충분조건이며, 환경은 경제와 사회의 필요조건이라 할 수 있다. 지속가능발전은 그 교차점에 존재한다.

3. 지속가능발전의 목표

지속가능발전 목표(Sustainable Development Goals, SDGs)는 '지속가능한 발전'을 위한 국제적인 약속으로 전 세계의 빈곤 문제를 해결하고 지속가능발전을 실현하기 위해 2016년부터 2030년까지 유엔과 국제사회가 달성해야 할 목표를 말한다.

17개의 목표(Goals)과 169개의 세부목표(Targets)로 구성된 SDGs는 사회적 포용, 경제 성장, 지속가능한 환경의 3대 분야를 유기적으로 아우르며 '인간 중심'의 가치를 최우선으로 지향한다.

- Goal 1. 모든 국가에서 모든 형태의 빈곤 종식
- Goal 2. 기아의 종식, 식량안보 확보, 영양상태 개선 및 지속가능 농업 증진
- Goal 3. 모든 사람의 건강한 삶을 보장하고 웰빙(well-being)을 증진
- Goal 4. 모든 사람을 위한 포용적이고 형평성 있는 양질의 교육 보장 및 평생교육 기회 증진
- Goal 5. 성평등 달성 및 여성·여아의 역량 강화
- Goal 6. 모두를 위한 식수와 위생시설 접근성 및 지속가능한 관리 확립
- Goal 7. 모두에게 지속가능한 에너지 보장
- Goal 8. 지속적·포괄적·지속가능한 경제성장 및 생산적 완전고용과 양질의 일자리 증진
- Goal 9. 건실한 인프라 구축, 포용적이고 지속가능한 산업화 진흥 및 혁신
- Goal 10. 국가내·국가간 불평등 완화
- Goal 11. 포용적인·안전한·회복력 있는·지속가능한 도시 와 거주지 조성
- Goal 12. 지속가능한 소비 및 생산 패턴 확립
- Goal 13. 기후변화와 그 영향을 대처하는 긴급 조치 시행
- Goal 14. 지속가능발전을 위한 해양·바다·해양자원 보존과 지속가능한 사용
- Goal 15. 육지생태계 보호와 복구 및 지속가능한 수준에서의 사용 증진 및 산림의 지속가능한 관리, 사막화대처, 토지황폐화 중단 및 회복 및 생물다양성 손실 중단

- Goal 16. 지속가능발전을 위한 평화적이고 포괄적인 사회 증진과 모두가 접근할 수 있는 사법제도, 모든 수준에서 효과적·책무성 있는·포용적인 제도 구축
- Goal 17. 이행수단 강화 및 지속가능발전을 위한 글로벌 파트너십 재활성화

〈지속가능발전 목표〉

02 환경, 사회 그리고 지배구조(ESG)

1. ESG 개념

최근 화두가 되고 있는 ESG 개념은 지속가능발전에서부터 시작된다. 지속가능발전에서 기업의 지속적인 생존과 성장에 직접적인 핵심가치를 환경, 사회, 지배구조로 묶은 것이 ESG이다. 이는 기업 경영

에서 지속가능성을 달성하기 위한 3가지 핵심 요소로 지목한 환경(Environmental), 사회(Social), 지배구조(Governance)의 영문 첫 글자를 조합한 단어이다. ESG의 정의는 기관별 설립 목적 및 사업의 특성, 이해관계자의 차이에 따라 상이하나 '투자의사결정 및 장기적인 재무적 가치에 영향을 미칠 수 있는 중요한 비재무적 요인'을 공통으로 중시한다.[1]

ESG의 근원에는 '조직의 경제적, 사회적, 환경적 책임을 바탕으로 지속가능한 발전을 추구하는 경영 패러다임'인 지속가능경영이 있다. 따라서 오늘날 ESG 개념은 기업과 사회의 관계 및 회사의 책임(Corporate Social Responsibility, CSR)에 대한 기대가 진화하여 제도화되었다.

2. ESG 현황

ESG 용어는 2004년 UN 글로벌 콤팩트(UNGC)가 발표한 'Who Cares Win'이라는 보고서에서 공식적으로 처음 사용되었다. 이 보고서의 부제인 '재무 분석, 자산 관리 및 주식 거래에 ESG 이슈를 더욱 효과적으로 통합하기 위한 금융업계의 권고사항'에서 보듯 보고서의 목표는 기업의 지속가능성 생태계 조성을 위해 ESG 이슈를 정의하고, 지속가능성에 대한 폭넓은 논의와 금융 접근방식을 지원하는 것이었다.

이는 2006년 지속가능한 투자환경 조성을 지원하는 '유엔 책임투자원칙(UN Principles for Responsible Investment, 이하 PRI)'의 발족으로 이어져 ESG 투자와 금융 시장 형성에 중요한 시작점이 되었다. 현재 120조 달러가 넘는 자산을 관리하는 세계 최대 책임투자 이니셔티브로

1 https://esg.krx.co.kr/ 참조.

성장하고 있으며, 세계 최대 기업 지속가능성 협의체가 되고 있다.

기업이 ESG 활동에 주목하는 대표적인 이유는 다음과 같다.

- 소비 선택의 기준이 되는 등 소비자의 ESG 요구 증대
- 기관투자가의 주주 이익 보호를 위한 스튜어드십(stewardship) 코드[2] 강화 등을 통한 책임투자 활성화
- 글로벌 신용평가사의 신용평가에 ESG 반영
- ESG 보고서 공시 의무화 등 ESG 관련 규제 강화

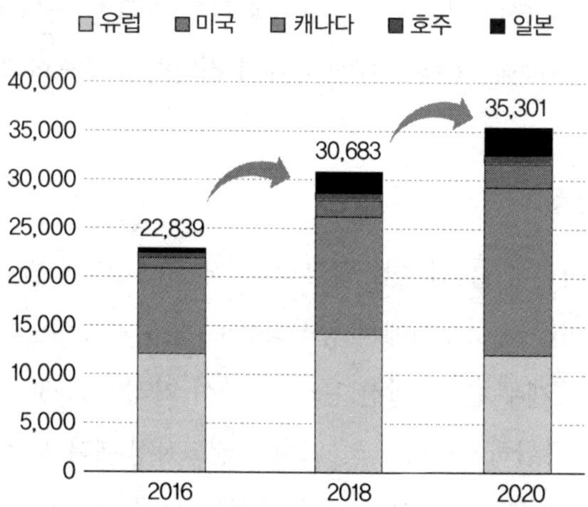

	2016	2018	2020
일본	474	2,180	2,874
호주	516	734	906
캐나다	1,086	1,699	2,423
미국	8,723	11,995	17,081
유럽	12,040	14,075	12,017

자료: https://esg.krx.co.kr/

〈글로벌 ESG 투자 규모 (단위: 십억 달러)〉

2 기관투자자가 의결권 행사 등으로 기업 경영에 관여하는 것으로 2010년 영국에서 최초로 도입된 이후 우리나라에서는 2016년에 제도화되었다.

2024년은 UNGC가 기업 지속가능성 제고를 위해 ESG 개념을 세상에 발표한 지 20주년이 된 해다. 그동안 사람과 지구의 공존과 지속가능성에 가장 많은 영향을 끼치는 주체인 기업의 비즈니스 환경은 지속가능성을 중심에 두고 재무 성과와 연계된 이해관계자 자본주의로의 흐름이 더욱 강력해지고 있다.

Chapter 3

사회적 경제와 경영 그리고 임팩트 비즈니스의 부상

01 소셜 매니지먼트와 임팩트 비즈니스

1. 소셜 매니지먼트의 개념과 지향점

1) 소셜 매니지먼트의 개념

경영(management, business administration)을 '조직이 의도한 바를 되도록 하는 활동'으로 정의한다면, 소셜 매니지먼트(social management, 사회적 경영)는 '사회적 경제조직이 사회적 가치창출을 우선하면서 경제적 자립도 도모하고자 하는 의도를 되도록 하는 활동'으로 정리할 수 있다.

따라서 사회적 경영은 기업의 가치와 기업이 속한 사회의 가치를 동시에 증진시키기 위한 경영으로, 사회적 목적을 추구하면서 재정적으로 수익을 낼 수 있는 비즈니스 모델을 갖추어야 한다. 사회적 경영에 대한 관심은 비영리경영 측면에서는 재정적 자립을, 또 기업경영 측면에서는 사회적 책임을 강화하기 위한 차원에서 모색되고 강화되는 추세이다.

2011년에 포터(M. Porter)와 크레이머(M. Kramer)는 공유가치창출(Creating Shared Value: CSV) 개념을 소개하였는데, 이는 오늘날 임팩트 비즈니스로 총칭되고 있다. 임팩트 비즈니스(impact business)란 핵심 사업 모델이 사회적 또는 환경적 관점에서 긍정적 영향(impact) 창출이라는 명확한 사회적 목적을 가짐과 동시에 재무적 이익을 추구하는 조직을 말한다. 따라서 임팩트 비즈니스는 소셜 매니지먼트의 한 형태이며, 앞서 언급한 ESG는 임팩트 비즈니스의 사회적, 환경적 영향을 체계적으로 측정하여 이해 관계자에게 보고함으로써 성장에 중요한 기반을 제공하고 있다. 소셜 매니지먼트와 임팩트 비즈니스, ESG 모두 조직의 지속가능성을 도모한다는 공통점을 갖는다.

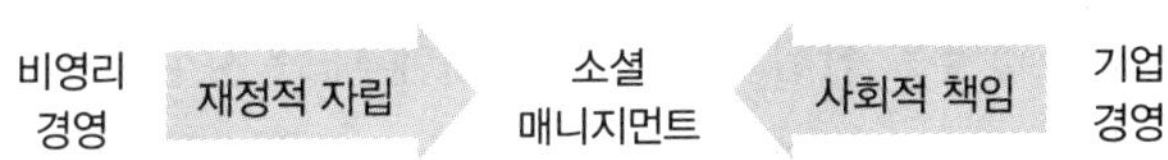

〈소셜 매니지먼트, 비영리경영 그리고 기업경영 비교〉

한편, 임팩트 비즈니스를 포함한 소셜 매니지먼트에서 가장 주목해야 할 점은 사회적 경영은 사회적 가치창출을 우선한다는 것이다. 예를 들어, 영리기업 또한 실업이라는 사회적 문제를 해결한다고 하여 사회적 경영을 실천한다고 할 수 있을 것이다. 그러나 우선하지는 않는다. 경제환경이 악화되어 재정적 어려움에 처했을 때는 해고한다는 점에서 차이가 있다. 사회적 경영은 일자리 보장이라는 사회적 가치를 그 어떤 이유보다 우선하는 경영이다.

또, 기부나 자선 활동, 기업 내부의 직접 사회봉사 활동 등과 같은 기업의 사회적 책임(Corporate Social Responsibility: CSR)이나 사회공헌활동은 기업의 고유 활동인 이윤창출 활동과 별개이자 부수적으로 수행된다는 차원에서 사회적 경영과 구분되어 진다.

사회적 경영은, 경영을 사회적 가치창출에 활용하는 것으로 더 좋은 사회를 위한 사회혁신의 경영이라 하겠다. 또한 사회수요를 충족시키고자 하는 사회적 경영은 인간 중심의 자본주의를 실현하는 수단으로, 오늘날의 의료, 복지, 환경, 교육, 문화 등 사회적이고 세계적인 모든 이슈가 곧 숨겨진 사업기회라는 측면에서 그 발전가능성은 무한하다 하겠다.

2) 소셜 매니지먼트의 의의와 특성

(1) 소셜 매니지먼트의 의의

가치창출의 영역은 산업화 초기의 재화에 대한 시장수요(market demand)에서 금융의 발전으로 인한 자본수요(capital demand)를 거쳐 삶의 질과 관련된 사회수요(social demand)로 확대되고 있다. 이러한 변천은 크게 수급차원과 본성차원에서 그 원인을 찾을 수 있다.

먼저 수급(수요-공급)차원에서 이해할 수 있다. 수요 측면에서는 물질만능에 따른 물질적 충족의 포화와 이 과정에서 비롯된 정신적 공허의 불균형이 문제점으로 지적되고 있다. 공급 측면에서는 성장의 한계와 시장실패에 따른 신뢰의 저하 등이 크게 작용하고 있다고 볼 수 있다.

다음으로 본성차원에서 이해할 수 있다. 숨을 쉬지 않으면 죽는다. 그렇다고 숨 쉬는 것이 삶의 목적인 사람은 없다. 그런데 조직에서는 이와 반대 현상이 일어난다. 이익을 창출하지 않으면 망한다는 이유로 이익창출을 목적으로 한다. 이 대목에서 조직은 인간과 그 본성에서 부딪힌다. 삶의 목적은 경제적 욕구충족이라는 본성을 바탕으로 성장을 통한 사회적 인정(social recognition) 또한 본성이기 때문이다. 결과적으로 그 부딪힘을 외면한 채 조직에 인간을 맞추도록 하는 인위적 개입이 주류 경영학 및 주류 자본주의의 기본 입장이자 접근법이다.

주류 경영학은 그 인위적 개입의 부작용을 사회적 책임으로 풀고자 하였다. 그런데 이는 소극적이고 부수적인 접근이다. 이를 적극적이고 본업의 차원으로 올린 것을 소셜 매니지먼트(social management, 사회적 경영)라 한다. 따라서 사회적 경영은 조직과 인간 간 본성의 부합을 지향하는 동시에 사회가 기업을 창조한 이유에 부합하는 모습이기도 하다. 이러한 모습으로 기업을 거듭 태어나게 하는 것을 사회적 경영이 지향하므로 사회적 경영은 곧 경영혁신의 일환이라 할 수 있다.

그러한 측면에서 사회적 경영은 근본적으로 옳은 일을 하겠다는 의지와 인간의 관리의 대상이 될 수 없다는 유기체적 인간관 위에서 전개되어야 한다. 이른바 경영혁신의 장이 사회적 경영이다. 이는 사고의 혁신을 바탕으로 하고 있다. 기존의 환원주의적 사고를 넘을 수 있는 유연하고 명확하게 사고할 수 있는 훈련이 필요하다. 이를 통해 첫째, 시스템적 사고와 둘째, 균형적 사고 및 셋째, 프로세스 중심적 사고를 함양하여 지속가능한 사회적 경영체계를 수립하여야 한다.

(2) 소셜 매니지먼트의 특성

한편, 멀건(G. Mulgan)은 사회적 경영 또한 경제적 가치를 창출해야 하므로 일반적인 기업경영과 유사하게 전개되나 문제가 더 심각해지는 분야, 기존 모델이 실패했거나 정체된 분야, 새로운 가능성이 아직 충분히 활용되지 못한 분야 등이 사회적 경영의 주 관심대상이 되어야 할 것이라 보았다.

그에 따르면 사회적 경영은 기업경영과 달리 다음과 같은 특성을 갖는다.

첫째, 사회적 경영은 물질적인 인센티브 외에 인정, 정체성, 자율, 돌봄, 연민 등 다양한 동기들을 활용하려 한다.

둘째, 사회적 경영은 결정적인 자원으로 자금 외에 정치적 인정, 지원, 자발적 노동과 후원 약정 등과 같은 다양한 자원을 획득하려 한다.

셋째, 사회적 경영은 기업과 같이 빠르게 성장하는 것보다 더 탄력 있는 성장 패턴을 보일 수 있다.

넷째, 사회적 경영의 성공은 규모나 시장점유율보다 협동에 의한 참여자들 삶의 극적 개선에 더 큰 관심을 갖는다.

3) 소셜 매니지먼트의 목적과 목표

사회적 경영의 궁극적인 목적은 무엇일까? 바로 고객가치의 극대화이다. 고객만이 사회적 경제조직의 존재 이유를 설명하고 또한 어떠한 대사회 제품과 서비스를 생산해야 하는지 결정한다. 따라서 고객이 원하는 사회적 가치를 제공하는 사회적 경제조직만이 생존할 수 있어야 하며 지속적으로 성장할 수 있어야 한다.

그렇다면 고객의 가치를 극대화하기 위해 사회적 경영의 목표는 무엇이어야 하는가? 어떠한 목표를 세워야 생존과 지속적 성장을 담보할 수 있는 것인가? 이는 크게 다음의 내용이 포함된 목표가 설정되어야 한다.

첫째, 1차적 목표는 수익성을 확보하여야 한다.

둘째, 2차적 목표는 고객 및 시장을 만족시켜야 한다.

셋째, 3차적 목표는 직원을 안정시키고 성장시켜야 한다.

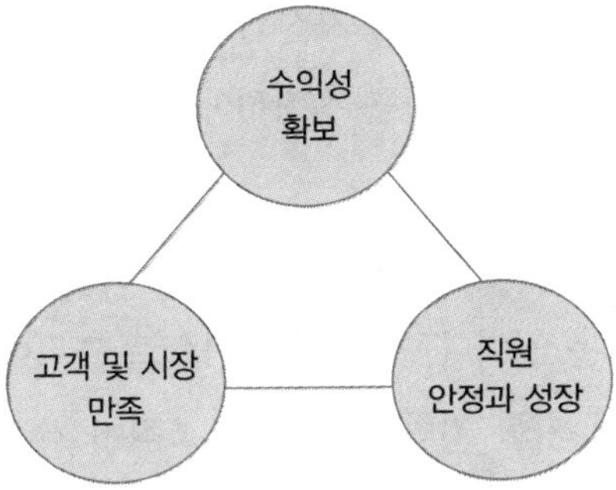

〈소셜 매니지먼트의 3대 목표〉

첫 번째 목표인 수익성의 확보는 생존을 위한 사회적 경제조직의 궁극적인 목적이다. 그러나 생존을 넘어 지속적으로 성장하기 위해서는 두 번째 목표인 고객 및 시장의 만족과 세 번째 목표인 직원의 안정과 성장을 견인하는 조직이 되어야 한다.

사회적 경제조직의 운영에 있어 직원의 안정과 성장은 무엇보다 중요하다. 사회적 가치창출을 최우선으로 하는 사회적 경제조직은 사회적 가치의 특성상 빠르기가 아닌 멀리 가기 위한 기반을 확보해야 한다. 그렇게 하기 위해서 반드시 직원과 함께 가야 한다.

직원의 안정과 성장은 고객 및 시장에 만족스러운 제품과 서비스를 제공하여 궁극적으로 수익 향상에 영향을 미치게 된다. 직원들이 조직에서 만족하지 못하고 있는데도 이를 외면하면서 고객만족을 위한 활동을 요구할 수 있다. 길게는 그렇게 수년을 보낼 수도 있을 것이다. 그러나 그 이상은 오래가지 못할 것이다. 능력을 갖춘 직원은 우선 그 조직을 떠날 것이고, 남아 있는 직원은 그 불편함을 지속적으로 호소하게 되어, 직원 간에 관계도 좋지 않아 궁극적으로 조직문화에 해악을 끼치게 될 것이다.

진정한 동기부여는 스스로가 자신의 한계를 극복하고자 할 때 발생하기 때문에 직원들이 자아를 성장하게 할 수 있도록 학습함이 필요하다.

따라서 조직의 일차적 목표는 직원들이 즐겁게 일할 수 있는 기반과 환경을 제공하는 것이다. 이는 근본적으로 조직이 얼마나 진심으로 직원들을 대하는가를 기반으로 한다. 조직이 자신들과 함께 한다는 의지에 공감하게 될 때 직원들은 스스로가 조직의 목표달성에 참여하고자 한다. 이를 통해 성과를 이루고 그에 대한 정당한 대가를 받으면서 성장하고 있다는 기쁨을 느낄 때 직원들은 기꺼이 경영자적 비전을 공유하게 된다. 조직생활을 통해 스스로의 한계를 벗어나고 있다는 즐거움이야말로 조직의 지속적 성장에 절대적인 에너지가 될 것이다.

이러한 측면에서 조직의 인력충원에 가장 우선시되어야 할 자질은 지원자의 학력이나 경력 또는 열정보다, 조직이 직원의 안정과 성장을 위해 큰 관심을 갖고 있음을 이해하고 공감할 수 있는 올바른 인성 또는 품성이라 할 수 있다. 일반적으로 이는 학력이나 지식, 열정과는 상관없는 것으로 이를 갖춘 '적합한 사람을 적합한 자리'에 앉힐 수 있다면 어떠한 난관에 처했을 때에도 요행을 바라거나 피하지 않고 스스로가 부딪쳐 극복하고자 할 것이다.

2. 공유가치와 기업의 사회적 책임

2011년 포터(M. Porter)와 크레이머(M. Kramer)는 사회의 요구를 들어주고 문제를 해결해서 경제적 가치와 사회적 가치를 동시에 창출해야 한다는 공유가치창출(creating shared value: CSV) 전략을 제시하였다. 여기서 공유가치란 개인의 이윤 추구가 아니며, 기업이 이미 창출한 이익의 재분배 개념도 아닌 경제·사회적 가치의 총량을 확대하자는 개념으로 규정하였다. 따라서 공유가치는 사회발전과 경제적 이익창출의 상관관계를 파악하고 이를 확대하는 데 초점을 맞추기 때문에 진정한 사회적 경제조직은 사회공헌도가 아닌 공유가치의 창출력으로 평가받아야 함을 강조하였다.

이들은 CSV를 기업의 사회적 책임(corporate social responsibility: CSR)과 다음과 같은 차이점이 있다고 보았다.

CSR은 기업의 본업인 이윤극대화를 위한 가치창출 활동과는 별개의 활동이다. 이는 기업 내의 별도의 조직에 의해 수행되는 자선 활동으로 이익을 얻었을 때만 시행되며, 그 또한 매출액의 극히 일부로만 수행되는 부수적이자 소극적인 활동으로 인식되고 있다. 따라서 이익이 발생하지 않을 경우 수행되기 어려운 활동으로 그 진정성이

기업의 사회적 책임과 공유가치창출과의 비교

구분	기업의 사회적 책임	공유가치창출
가치	선행	고유가치
활동내용	자선 활동	가치창출 활동
인식	이윤극대화와 별개	이윤극대화
예산	매출액 일부	매출액 전체
담당조직	별도	전체
진정성	다소 냉소적	긍정적
지속성	이익 일부	이익과 별개

자료: Porter, M. and M.R. Kramer, "Creating Shared Value," *Harvard Business Review*, 2011.와 조동성, 자본주의 5.0시대의 경제민주화, 전문경영인연구 15(3), 2012. 참조 (일부 수정)

다소 냉소적인 것이 오늘날의 현실이라 하겠다.

이에 반해 CSV는 이윤극대화를 위한 기업 고유의 가치창출로, 매출액 전체가 이에 해당된다. 따라서 전체 조직이 담당할 수밖에 없으며, 이를 수행함에 대한 진정성을 긍정적일 뿐 아니라 이익이 나든 손실을 보든 고유 활동으로 지속하게 된다. 생색이 아닌 본연의 활동이 CSV이다.

02 사회적 경제조직 형태

1. 사회적 경제조직의 유형

'경제(經濟)'는 '경세제민(經世濟民)'의 약어이다. '세상을 경영해 백성을 구한다'는 뜻으로, 백성 구제는 시대적 요청에 따라 다양하게 전개된다. 생존이 주요했던 시기에는 양적 풍요를 추구하였고, 그 단계를 넘어섰을 때에는 삶의 질적 가치를 요구받게 된다. 지속가능한 발전의 목표에 포용적 사회가 언급되는 이유 또한 시대변화를 반영하고 있다. 이제 먹고살기를 넘어 불평등, 자원의 고갈, 기후 위기 등으로 인한 전 지구적 존립의 위협 해소에 백성 구제의 최우선적 과제로 두어야 한다. 소셜 매니지먼트와 ESG, 임팩트 비즈니스가 경제의 중심이 되는 사회적 경제가 부상하고 있는 이유이기도 하다. 이제는 사회적 경제(social economy)가 바로 경제 그 자체인 시대로 넘어가고 있음을 적시해야 한다.

사회적 경제조직 또는 사회적 경제기업은 불평등, 빈부격차, 환경파괴, 사회문제 등을 해결하고 사회혁신을 추구함으로써, 공동체 구성원 모두의 행복을 우선하며 사회적 가치를 추구하는 경제 활동을 하는 조직(또는 기업)을 지칭한다.

이에 대해 유럽은 복지재정 완화의 차원에서 기존의 길드가 근간이 되는 조합의 새로운 길을 모색하는 방식으로 접근하고 있다. 한편 미국은 이를 비영리조직이 담당한 연유로 비영리조직의 영리화 및 기업가정신의 고취 차원에서 접근하고 있다.

상대적인 입장 차이가 있다고 할지라도 기업가정신에 기초한 경제적 가치의 창출과 협력 등에 기초한 사회적 가치의 창출을 공히 도모해야 할 필요성에 대해서는 공감하고 있다. 또한 이 자체를 사고 및 행동 등을 포함한 혁신의 차원에서 접근하고 있음도 공통적이라 하겠다.

사회적 또는 임팩트 경제조직(social or impact economy related organizations)의 공통 속성은 공공영역에서 강조되었던 협력과 이타적 합리성을 바탕으로 사적 영역의 강점이었던 기업가정신을 흡수하여 사회적 가치와 경제적 가치를 동시에 추구하고자 함에 있다.

이상을 정리하면, 사회적 경제조직이 공통적으로 강조하고 있는 내용은 다음과 같다.

첫째, 구성원의 참여를 바탕으로 하며,

둘째, 국가와 시장의 경계에서,

셋째, 사회적 가치를 추구하며,

마지막으로, 민간의 경제활동을 의미한다.

그 대표적인 유형으로는 앞서 소개한 임팩트 비즈니스(impact business) 외에 사회적기업(social business, social enterprise), 협동조합(cooperatives), 마을 기업(community business, 커뮤니티 비즈니스), 자활 기업, 소셜

벤처(social venture) 등이 있다.

1) 사회적기업

사회적기업은 영리기업과 비영리기업의 중간 형태로, 사회적 목적을 우선적으로 추구하면서 재화·서비스의 생산·판매 등 영업 활동을 수행하는 조직을 말한다. 제품과 서비스를 팔기 위해 고용하는 것이 아니라, 고용하기 위해 이를 판다는 측면에서 기존 기업과 큰 차이가 있다.

OECD는 사회적기업을 노동시장통합 및 사회통합, 그리고 경제발전에 기여하는 사회·경제적 목적을 동시에 수행하는 혁신적 비즈니스 모델로 소개하고 있다. 일명 임팩트 비즈니스(impact business)라고도 한다.

우리나라의 경우, 사회적기업육성법 제7조에 의거해 고용노동부가 인증한 기업으로 '취약계층에게 사회서비스 또는 일자리를 제공하거나 지역사회에 공헌하여 지역주민의 삶의 질을 높이는 등 사회적 목적을 추구하면서 재화 및 서비스의 생산, 판매와 같은 영업활동을 하는 기업'을 말한다. 고용노동부의 인증을 받은 조직만 '사회적기업'(띄어쓰지 않고 붙여쓰기) 이라는 명칭을 쓸 수 있게 제도화되었다.

이들은 다음과 같은 다섯 가지 유형으로 구분한다.

- 사회서비스제공형 :취약계층에게 사회서비스를 제공
- 일자리제공형: 취약계층에게 일자리를 제공
- 혼합형: 사회서비스 제공과 취약계층 일자리 제공이 혼합
- 지역사회공헌형: 지역사회에 공헌
- 기타형: 사회적 목적의 실현 여부를 계량화하여 판단하기 곤란한 경우

2021년 7월 기준 사회적기업은 약 3,000여 개 수준으로 증가했으며, 이 중 66%가 일자리 제공형으로 취약계층에게 일자리 제공을 위한 목적을 달성하고 있다. 인증 전 단계인 예비사회적기업까지 포함하면 2018년 기준 전체 사회적기업의 매출액은 약 1조 9천억 원에 달하고 있다.

2) 협동조합

협동조합은 공동으로 소유되고 민주적으로 운영되는 사업체를 통하여 공통의 경제적·사회적·문화적 필요와 욕구를 충족시키고자 하는 사람들이 자발적으로 결성한 자율적 조직을 말한다.

우리나라의 경우, 협동조합은 협동조합기본법에 의거해 기획재정부가 소관하고 있으며 '조합원의 필요에 의해 자발적으로 결성되어 공동으로 소유되고 민주적으로 운영되는 사업체'로 정의된다. 그중 사회적협동조합은 조합의 목적 자체가 지역주민들의 권익, 복리 증진과 관련된 사업을 수행하거나 취약계층에게 사회서비스 또는 일자리를 제공하기 위한 것으로, 영리활동을 목적으로 하지 않는 것을 특징으로 한다.

한편, 국제협동조합연맹(ICA)이 제시하고 있는 협동조합의 7대 운영 원칙은 다음과 같다.

1. 자발적이고 개방적인 조합원 제도
2. 조합원에 의한 민주적 관리
3. 조합원의 경제적 참여
4. 자율과 독립
5. 교육, 훈련 및 정보 제공
6. 협동조합 간의 협동

7. 지역사회에 대한 기여

3) 마을 기업 또는 커뮤니티 비즈니스

마을 기업 또는 커뮤니티 비즈니스는 커뮤니티(마을)에 기반을 둔 기업을 말한다. 이는 지역주민이 각종 지역자원을 활용한 수익사업을 통해 공동의 지역문제를 해결하고, 소득 및 일자리를 창출하여 지역 공동체 이익을 효과적으로 실현하기 위해 설립, 운영하는 마을 단위의 기업이다. 마을기업육성사업 시행지침에 의거해 행정안전부가 소관하고 있다. 주로 주민의 자발적인 참여와 민주적 운영 및 협동조합 원리에 기초를 두고 있다.

4) 자활 기업

자활 기업은 지역자활센터의 자활근로사업을 통해 습득된 기술을 바탕으로 1인 혹은 2인 이상의 수급자 또는 저소득층 주민들이 생산자협동조합이나 공동사업자 형태로 운영되는 기업을 말한다. 보건복지부가 국민기초생활보장법에 의거해 주관하고 있다.

5) 소셜벤처

소셜벤처라는 말은 1999년 미국에서 시작된 '글로벌 소셜벤처 경연대회'부터 사용되기 시작했다. 국내에서는 2009년 고용노동부가 주최한 '제1회 소셜벤처 경연대회'를 시작으로 공식적으로 사용되었다.

소셜벤처 정책을 주관하는 중소벤처기업부는 사회적기업가 정신을 지닌 기업가가 기존과는 다른 혁신적인 기술이나 비즈니스 모델을 통해 사회적 가치와 경제적 가치를 동시에 창출하는 기업을 소셜벤처로 정의하고 있다. 이는 기존의 사회적기업의 특징을 가지고 있지만 좀 더 자유롭고 과감한 경영방식으로 운영하는 기업으로, 보다 빠른 성장(scale-up)을 도모하려는 특징을 갖는다.

사회적기업의 정의와 유사하나 국가의 공식 인증 유무에 차이가 있다. 사회적기업은 국가의 공식 인증을 받았지만, 소셜벤처는 그런 인증을 받지 않은 조직이다. 2021년 7월에 시행된 「벤처기업육성에 관한 특별조치법」은 소셜벤처를 사회적 가치와 경제적 가치를 통합적으로 추구하는 기업으로 보고 12항목의 사회성과 15항목의 혁신성장성을 통해 판별제 방식으로 규정하고 있다.

2020년 중소벤처기업부의 소셜벤처 실태조사에 따르면 전국에는 약 1,509개의 소셜벤처가 활동하고 있다.

주관 부서 및 제도적인 차이로 인해 우리나라는 독특하게도 사회적기업과 소셜벤처가 나누어져 있지만, 해외에서는 통틀어 '사회적기업' 즉 '소셜 엔터프라이즈(social enterprise)'로 통용되고 있다.

2. 사회적 경제조직의 법적 형태

최근 들어 영리와 비영리의 경계를 허물고 둘 모두의 성격을 갖고 있는 조직이 합법화되고 있다.[1] 이른바 하이브리드 조직으로, 이는 영리조직이 갖고 있는 공익 및 사회적 목적사업의 추진 한계와 비영리조직이 갖고 있는 자금 충원의 어려움을 극복하고자 하는 시도이다.

이들은 미션에 충실한 사업 전개를 우선적으로 추구하며 투명성과 책임성을 바탕으로 창의적인 마케팅과 합리적인 파트너십을 겸비하여 스스로가 존립의 근거를 마련함을 특징으로 한다.

1 최근 미국 캘리포니아주는 비영리목적을 가진 영리법인을 승인하는 유연한 목적 회사(flexible purpose corporation: FPC) 법안을 통과시켰다.

다양한 유형의 법인을 설립할 수 있게 되었는데, 미국의 베네핏 기업(Benefit Corporation), 사회목적회사(Social Purpose Corporation), 유연목적기업(Flexible Purpose Corporation), 저수익유한책임회사(Low profit Limited Liability Company)와 영국의 지역공동체이익회사(Community Interest Company)법이 대표적이며 법적 근거나 운영적인 특성에 적합한 법인의 설립이 가능하다.

1) 유연목적기업

미국 캘리포니아주에서는 2012년부터 유연목적기업(Flexible Purpose Corporation: FPC)이라는 형태의 법인설립이 가능하게 되었다. 기존의 모든 회사는 영리 또는 비영리로 구분되고 있는데, 영리회사는 주주의 영리추구가 목적이므로 운영에 있어 사회이익을 추구하여 주주들의 영리를 저해하게 되면 그에 따른 책임을 질 수도 있는 구조이다. 이러한 구조하에서는 기업의 사회적 성과 창출이 원활하게 이루어지기 쉽지 않다. 계획단계부터 철저하게 주주의 이해관계를 보호할 수밖에 없기 때문이다.

반면 FPC는 영리를 추구하면서도 사회의 이익과 환경보호를 그 목적으로 할 수 있는, 즉 영리회사와 비영리회사의 설립목적을 동시에 추구할 수 있는 하이브리드 법인이다. 즉, 정관에 공익적인 목적사업을 기재하게 하고, 경영진은 지분투자로 참여한 주주에 대해 객관적이고 투명하게 사회적 성과를 창출한 사업 활동 내용과 성과를 보고할 의무를 가지게 된다. 유연목적회사 제도를 도입함으로써, 이사는 회사와 주주의 이익을 고려함에 있어서 사회적 목적과 같은 특정 목적을 고려하는 것도 가능하다고 명시적으로 허용하고 있다. 즉, 자선 내지 공공의 목적을 비롯하여 회사의 근로자, 공급자, 고객, 채권자,

공동체, 사회 내지 환경에 단기 혹은 장기적 불이익을 감소시키거나 긍정적인 영향을 촉진시키기 위한 경우를 고려할 수 있음을 뜻한다. 이로써 임원과 이사회가 의사결정을 할 때, 회사의 장·단기적 이익을 고려할 수 있고, 주주의 이익뿐만 아니라 지역공동체, 노동자, 환경 등 전체적인 이해관계자를 고려할 수 있게 되었다.[2]

2) 베네핏 기업

미국의 일부 주에서는 베네핏 기업(Benefit Corporation)이라는 조직설립을 2011년부터 허가하기 시작했다. 캘리포니아, 매릴랜드, 뉴욕주를 비롯하여 현재 20개 이상의 주에서 관련 법안이 마련되어 있다.

베네핏 기업은 B Lab이 주도하는 기업 활동으로 사회환경적 성과를 창출하는 이니셔티브로 시작해서 현재 공식적인 법인 설립이 가능하게 되었다. 베네핏 기업은 창출한 사회적 성과에 대해서 120일 이내에 경제적·사회적 성과의 달성 정도와 사업내용, 적법한 외부감사 여부 등을 명시한 연차보고서를 제출함으로써 책무를 이행한다.

B Lab은 이와 별도로 인증 베네핏 기업(Certified B-Corp)이라는 자체적인 인증평가 프로그램을 운영하고 있다. 표준화된 성과평가를 통한 투자생태계를 구축하면서 미국을 포함한 전 세계를 대상으로 사회적 기업 투자생태계를 조성해나가고 있다.

3) 저수익유한책임회사

저수익유한책임회사((Low-profit Limited Liability Company: L3C)는 앞서 소개된 조직 형태에 비해 상대적으로 가장 빠른 2008년부터 제도화

2 한국법제연구원(2013) 참조.

된 조직이다. 유한책임회사(LLC)는 출자자의 직접적 경영 참여가 가능하고 각 사원의 출자금에 대해서만 책임을 진다.

우리나라에서도 2012년부터 설립이 가능한 유한책임회사는 주식회사에 비해 신속하고 유연하게 운영이 가능한 장점으로 자체기술기반 벤처창업 등에 유리한 측면이 있다. 여기에 세법상 자선 및 교육과 관련된 사회적 목적을 달성해야 하는 의무를 더한 것이 L3C의 특징이라 볼 수 있다. 또한 이를 위해서 자선단체로부터 '프로그램 관련 투자(Program Related Investments: PRIs)'[3]를 받을 수 있도록 되어 있다.[4]

4) 공동체이익회사

영국에서도 마찬가지로 사회적 목적을 추구하는 사업내용과 조직형태가 부합되지 않는 다수의 한계를 극복하기 위한 대안으로 2004년 공동체이익회사(Community Interest Company: CIC)가 등장했다.

공동체이익회사는 공동체이익기준을 충족했는지에 대하여 위의 모든 조직과 마찬가지로 보고서 제출이 의무화되어 있다. 또한, 법인 해산 시 자산의 분배나 배당을 불허하고 비영리재단 혹은 다른 CIC에 양도해야 하는 자산동결이 적용된다.

우리의 사회적 기업과 마찬가지로 제도가 시행된 이후로 비약적인 양적 성장을 기록했으나, 규제완화 및 금융지원시스템 강화 등의 제도적 개선이 요구되고 있다.[5]

---

3 비영리 재단법인이 '조세상 면제받는 투자'로 인정받는 유형의 투자

4 안수현(2012) 참조.

5 안수현(2012) 참조.

PART

2

계획편

Chapter 4

소셜 매니지먼트와 혁신

01 경영은 무엇인가

1. 위험과 위험보상

드러커(P. Drucker)는 '조직의 생존을 위협하는 위험' 이른바 리스크(risk)를 충분히 상쇄할 능력인 위험보상(risk premium)을 스스로가 확보해야 하는 것을 경영의 기본으로 보았다.[1] 조직을 경영하는 동안 불가피하게 발생하는 위험을 상쇄하기 위해 최소한의 보상을 산출하지 않으면 안 된다. 그 위험보상을 가능케 해주는 원천이 돈, 즉 수익이다.

그러나 이는 위험보상에 대한 하나의 중요한 원천에 지나지 않는다. 그 원천의 종류는 크게 조직이 통제할 수 있는 범위에 따라 다음과 같이 구분할 수 있다.

- 내적 원천: 수익, 이익 등.

1 P. Drucker, *The Practice of Management*, NY: HarperCollins, 1954.

- 외적 원천: 투자, 지원, 기부, 출연, 모금, 회비, 자원봉사 등.

영리조직의 경우 대부분이 사적 이익을 추구하기 때문에 위험보상의 원천을 내부에 의존할 수밖에 없으나, 비영리조직의 경우는 스스로가 천명한 사회적 가치가 개인과 조직, 사회로 하여금 인정을 받을 수 있을 때 다양한 외적 원천을 제공받게 된다. 그 대표적인 것이 투자와 지원, 기부, 출연, 모금, 회비, 자원봉사 등이 있다.

한편, 조직이 생존의 원천을 내부에 의존한다고 하여 존속할 수 있는 것은 아니다. 이는 생존의 필요조건을 찾은 것뿐이다. 따라서 생존을 위한 충분조건도 만족되어야 하는데 이는 성과를 창출하여야 한다는 것이다. 다수의 조직이 생존을 위해 다투어야 하는 경쟁환경에서 성과를 창출하기 위해서는 경쟁에서 승리할 수 있는 능력, 이른바 경쟁우위를 확보하여야 한다. 따라서 경쟁우위의 확보는 영리조직이든 비영리조직이든 모든 조직에 있어 위험보상 확보의 근원이 된다.

2. 경영의 개념

대부분의 사람들은 경영이 돈을 벌기 위한 것이고, 경영의 목적은 이윤극대화에 있다고 생각한다. 그러나 이는 반은 맞고 반은 틀리다. 우리에게 익숙한 경영은 기업경영을 일컫는다. 그러나 경영은 기업뿐 아니라 모든 조직에서 필요하다. 자기, 국가, 세계에 대한 경영뿐 아니라 의료경영, 복지경영, 교육경영 등이 모두 이윤을 극대화할 목적으로 수행되는 것으로 바라본다면 경영을 좁게 해석하는 것이다.

그렇다면 경영은 무엇이기에 세계경영에서부터 자기경영에 이르기까지 다양한 대상에 접목할 수 있는 것인가? 간략히 언급하면 경영(administration, management)이란 '조직체가 고유의 목적을 효과적으로 달성하기 위하여 제한된 조직자원을 최적으로 배분하고 활용하기 위한 활동의 집합'이라 할 수 있다.

쉽게 말하면 경영은 '조직이 의도한 바를 되도록 하는 활동'이다. 그 의도하는 주체가 기업으로 이윤극대화를 의도한다면 이를 되게 하는 경영을 기업경영(business administration)이라 부르며, 또 그 의도의 주체가 사회적 가치창출을 최우선으로 한다면 이를 되게 하는 경영을 소셜 매니지먼트(social management, 사회적 경영)라 한다.

경영은 마치 조삼모사와 같다. 조삼모사란 원숭이에게 도토리를 아침에 세 개 주고 저녁에 네 개를 주니 불만족하여 이를 반대로 주니 만족했음을 뜻한다. 흔히 '치졸한 사기'의 의미로 통용되나 경영학적 측면에서 그 이상의 의미를 찾을 수 있다. 즉, '나'라는 조직이 원숭이에게 만족을 주겠다는 '의도한 바'를 도토리의 제공 순서를 바꿈으로 인해 '되도록 하였다'는 것이다. 이것이 경영이다.

여기에는 중요한 몇 가지가 더 내포되어 있다. 경영에는 상책의 경영, 중책의 경영, 하책의 경영이 있다. 가장 상책의 경영은 합이 일곱 개인 도토리의 숫자를 변화시키지 않고 그저 주는 순서만을 바꾸어 만족을 이끄는 것이다. 즉, 투입은 변화시키지 않으면서도 산출을 늘렸기 때문에 상책이다. 이를 조금 어렵게 이야기하면 프로세스의 변화, 즉 '프로세스 혁신'이라 한다.

가장 안 좋은 경영은 아침에도 네 개를 주는 것이다. 이는 도토리의 숫자, 즉 투입을 늘렸기 때문에 하책이다. 인력감축이 여기에 해당한다.

중책도 있다. 조사모삼보다는 못하지만 합을 변화시키지 않으면서도 만족감을 올리는 방안이 있다. 도토리를 크게 만들어서 주면 된다. 제조에서의 제품혁신, 서비스에서의 프로세스 혁신이 이에 속한다. 언뜻 보면 상책보다 좋을 것 같지만 도토리를 크게 만드는 데 시간이 더 소요되기 때문에 이는 중책이라 할 수 있다.

3. 답을 찾을 것인가? 질문을 할 것인가?

조삼모사의 예에는 또 하나의 중요한 통찰이 숨어있다. 조삼모사를 조사모삼으로 바꾼 것을 두고 '답을 찾은 것'이라 할 것인가, '문제를 해결하였다'고 할 것인가? 후자이다. 우리가 경영학을 학습하는 이유가 또한 여기에 있다. 답 찾기가 아닌 문제해결을 위해 경영학을 배운다. 양자의 차이는 질문을 할 수 있는지에 있다. 질문하지 않는 자는 답 찾기에 빠질 가능성이 크다. 질문을 하려면 자기 일로 받아들여져야 한다.

여기에 경영의 시작과 끝이 있다. 조직에서의 일이 내 일이냐 그렇지 않냐에 따라 무수한 경영기법이 필요한지 아닌지가 결정된다. 그 무수한 경영기법을 녹여버릴 것이냐 아니면 이를 적용하고 적용받느라 피곤함을 달고 살 것이냐를 판단해야 한다.

그 연장선에 경영혁신이 있다. 경영혁신은 조직과 개인을 묶고 조직의 발전을 위해 개인의 성장을 우선하는 경영이다. 경영혁신은 조직 내에서 개인을 답 찾는 자가 아닌 질문하는 자로 거듭나게 하는 경영이다. 그 경영혁신은 사고혁신에서 출발한다.

02 사고를 혁신하자

1. 명확하게 사고하기

혁신은 사고의 전환을 기반으로 한다. 사고의 전환이란 새로운 사고를 가로막고 있는 걸림돌의 제거에서부터 시작된다. 명확하게 사고하고 선택의 지혜를 얻기 위해 골드랫(A. Goldratt)은 자신의 딸 Efrat와 함께 저술한 *The Choice*(2010)에서 다음과 같은 네 가지 걸림돌을 제거할 것을 제안하고 있다.

첫째, 현실은 복잡하다는 인식을 극복해라. 이를 위해서는 모든 상황은 의외로 단순함에서 비롯된다고 보아야 한다. 여기서 단순함이란 근본 원인이 적다는 것으로, 모든 원인은 수렴된다는 것이다. 위대한 과학자 뉴턴은 두 개 이상의 결과가 공통의 원인에 의해 초래된다는 내재적 단순함(inherent simplicity)을 믿을 것을 강조하였다. 이는 어떠한 원인이라 할지라도 최소 두 개 이상의 다른 결과가 있다는 것을 확신하는 것으로 항상 동일한 원인에 의해 파생된 다른 결과를 찾아봐야 함을 의미한다. 이것이 갈등을 해결하게 하는 실마리가 되며 새로운 사고로 유도하는 길잡이가 된다.

만약 이를 발견할 수 없다면 세상을 너무 좁게 생각하고 있는 것으로 시스템 사고가 이 한계를 극복하는 데 도움을 준다고 보았다. 현실을 복잡하게 이해하면 복잡한 해결책을 제시하게 되고 그 결과 결코 잘 돌아갈 리가 없게 된다.

둘째, 어쩔 수 없다는 인식을 극복해라. 모든 난제와 갈등은 해결될 수 있는데, 이는 난제와 갈등의 맨 밑에 깔린 근본 가정을 점검함을 통해 해결될 수 있다고 보았다.

내재적 단순함을 어떠한 상황에서도 맞는다고 믿으면 용기와 의지는 저절로 따라오게 되어 기저에 깔린 근본 갈등을 찾는 데 도움이 된다.

한편, 모든 관계에는 항상 조화가 존재한다. 자연은 스스로 조화를 이룬다는 말은 모순이 없다는 것인데, 이는 어려움이 없다는 것이 아니라 그 난제를 다루는 방식에 문제가 없음을 의미한다고 보았다. 즉, 난제를 다루는 방식이 타협(win-lose)의 형식을 취해서는 안 된다. 타협은 결코 맨 밑에 존재하는 잘못된 가정을 제거하는 방법을 찾지 못하게 하며, 또 타협은 승패 접근법에 입각하고 있어 자기 방어적이 되기 십상이다. 즉, 너그러워지기보다 결과가 만족스럽지 않으면 그렇게 만든 남을 탓하게 되며, 이 경험이 누적될수록 남을 탓하는 습관에 빠지게 됨을 경계해야 한다고 보았다.

따라서 난제와 갈등은 그 근본 원인이 되는 가정을 찾아 해결하려 들어야 윈윈(win-win) 접근으로 나갈 수 있다. 오히려 실제 그러한 해결책이 있느냐는 중요하지 않으며, 중요한 것은 그것이 존재한다는 신념을 갖고 난제와 갈등을 해결하겠다고 접근하는 태도임을 강조하였다.

셋째, 남을 탓하는 습관을 극복해라. 사람은 선하며 항상 윈윈 해결책이 있다고 믿어야 상대에게 더 큰 몫이 돌아가는 윈윈 해결책을 찾을 수 있다. 난제와 갈등의 해결을 타협으로 마무리하면 결국 둘 다 만족스럽지 못한 관계 속에 놓이게 될 뿐이다.

내재적 단순함에 대한 믿음을 갖게 되면 어떤 사람과도 조화롭게 어울릴 수 있다. 진짜 문제는 직관이나 머리가 부족한 것이 아니라 남을 탓하는 버릇 때문에 자신의 능력을 제대로 활용하지 못하는 것이다.

넷째, 모든 것을 다 안다는 생각을 극복해라. 어떤 경우든 항상 개선과 비약적인 도약의 기회는 늘 열려있음을 강조하였다.

이상의 난제와 갈등을 지혜롭게 해결하기 위해 명확하게 사고하는 노력은 개인으로 하여금 조직에서 경영의 난제를 주체적으로 해결하게 할 뿐 아니라 성장의 즐거움마저 누리게 할 것이다. 조직 속에서 조직이 개인의 성장을 적극적으로 도모한다면 그 개인에 의해 경영의 혁신이 주도될 것이다.

2. 시스템적으로 사고하기

1) 시스템 사고

시스템 사고(systems thinking) 또는 시스템 철학은 시스템의 작동 메커니즘을 직관적이고 포괄적으로 이해하고 이를 효과적으로 변화시킬 수 있는 전략을 발견하기 위한 사고방식을 말한다. 크게 시스템에 대한 사고와 시스템적으로 사고함을 포함한다.

먼저 시스템에 대한 사고는 시스템을 구성하고 있는 요소와 그들 간의 관계를 파악하고자 하는 것으로, 이를 통해 나타난 전체적 구조를 이해하기 위한 사고이다.

이와 함께 시스템적으로 사고함이란 시스템 관점에 입각하여 사고하는 것으로, 시스템의 문제 해결의 차원을 일부 요소와 일부 관계로 파생된 어떠한 사건(event)과 이들이 연속적으로 나타내는 패턴(pattern of behavior)인 행태 중심에서 벗어나 보다 전체적인 구조(structure)를 통해 문제를 해결하고자 하는 시도라 할 수 있다.

이를 굿맨(2002)은 빙산 모형(iceberg model)으로 설명하고 있다. 빙산 모형은 눈에 보이는 사건의 세계는 빙산의 일부분에 지나지 않으며, 그 대부분은 눈에 보이지 않는 패턴과 그 밑에 구조의 세계가 있음을 강조하고 있다. 구조 또한 멘탈 모형의 산물로써 우리가 무엇을 보고 있는가와 관련된 철학, 신념과 믿음, 사고 등이 더욱 중요함을 역설하고 있다. 빙산의 아래로 향할수록 작은 변화로 큰 변화를 이끌 수 있는 지렛대 효과가 더욱 커지고 있음도 눈여겨보아야 할 대목이다.[2]

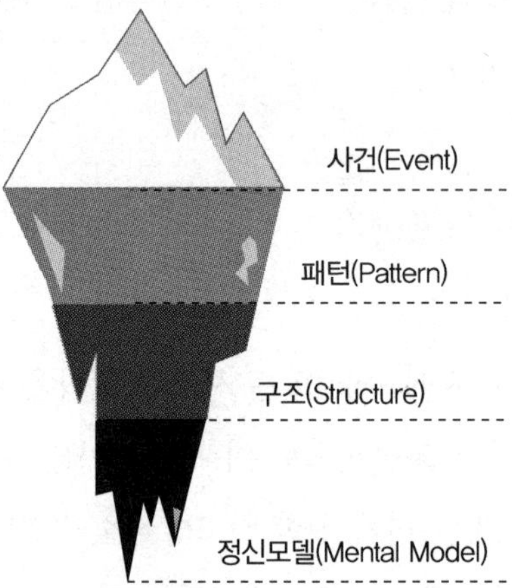

〈빙산모형〉

이렇게 시스템 사고는 사건과 패턴의 이면에서 존재하는 구조를 파악하고 시스템의 문제를 구조의 변화를 통해 해결하고자 한다. 이는 일시적이거나 부작용을 고려하지 않은 해법의 한계를 극복하게 할 뿐 아니라, 보다 근본적이며 용이한 해결점을 찾도록 질문하고 고민함에 도움을 준다.

이를 통해 시스템을 자신이 원하는 방향으로 변화시킬 수 있는 가장 효과적인 지점을 발견하여 대처하는 것이 또한 시스템 사고이다. 이는 곧 전략을 찾고 실행하기 위한 사고이기도 하다.

---

2 Goodman, M. (2002)..

2) 시스템 사고를 통한 경영혁신

센게(P. Senge)는 시스템 사고를 통해 경영혁신을 이루기 위한 과정을 학습조직(learning organization)의 구축으로 설명하고 있다. 학습조직의 핵심은 기존에 갖고 있던 '관점의 전환'에 있다. 자신을 세상으로부터 분리된 것으로 보는 환원주의에서 벗어나 세상과 씨줄 날줄처럼 연관된 것으로 인식하는 전일주의로의 전환에 기초하고 있다. 학습조직으로의 구축은 조직에서 개인을 경영관리의 대상에서 벗어나게 하는 해방구로써의 역할을 지향한다. 학습조직을 구축하기 위한 핵심 요인은 다음과 같다.

첫째는, 공유 비전을 구축(building shared vision)하는 것이다. 이는 조직의 미래상을 공유하는 것으로 구성원들로 하여금 장기적 몰입을 증진시키는 역할을 한다. 이는 사회적 경영 실천의 요체로써 공동의 유대감과 목표 의식에 대한 자각은 사람들을 하나로 묶는 것을 의미한다. 이를 통해 자율적이고 순수한 몰입과 동참이 발생하게 된다.

둘째는, 정신 모델(mental model)을 살펴보는 것이다. 정신 모델은 세상을 이해하고 특정 행동을 취하게 하는 고정된 가정으로 이로 인해 새로운 가능성에 대한 수많은 통찰력을 실행에 옮기지 못하는 근본 이유가 된다. 따라서 자신의 정신 모델이 어떤지를 파악하여 세상을 새롭게 인식하는 데 필요한 개방성을 확보하도록 해야 한다.

셋째는, 팀 배움(team learning)을 실천해야 한다. 조직 학습의 기본단위는 개인이 아닌 팀이어야 한다. 팀 배움은 개인이 가지고 있는 관점 뒤에 숨겨진 보다 큰 그림을 볼 수 있도록 하여 개인적으로는 얻을 수 없는 통찰력을 발견하게 할 뿐 아니라 팀에 속하지 않았을 때보다 훨씬 빠르게 성장함을 목적으로 한다. 팀 배움의 원리는 '대화

(dialogue)'로, 이는 자신의 입장을 상대에게 이해시키려 하거나 설득하고자 함이 아니라 팀 내에서 의미가 자유롭게 흐르게 함으로써 '함께 생각'하고자 함을 의미한다.

넷째는, 개인적 익힘(personal mastery)을 추구하는 것이다. 이는 학습조직의 주춧돌로써 개인의 행동들이 세상에 어떤 영향을 미치는가를 지속적으로 학습하게 하는 개인적 동기를 길러내는 것을 목적으로 한다. 개인적 비전을 명확히 하며, 이를 지속적으로 심화 확장시켜 조직이 학습에 대해 몰입하고 그것을 받아들이는 능력을 강화하는 훈련법이다.

마지막으로, 시스템 사고(systems thinking)에 입각하는 것이다. 이는 요소와 관계로 구성된 시스템으로써 전체를 보다 명확히 하고 이를 효과적으로 바꾸기 위해 스스로가 어찌해야 하는지에 대한 지식과 도구이자 개념적 틀을 말한다. 이를 통해 개인은 자신과 자신이 속한 세상을 인지하는 새로운 방법을 이해할 수 있게 된다.

3. 균형적으로 사고하기

의료, 복지, 환경, 교육, 문화 등의 사회적 수요를 충족시켜 줄 것을 요구하는 수요자들로 인해 이를 창출하는 사회적 경제조직의 성과는 궁극적으로 이해관계자를 포함한 포괄적 가치로 확대될 것을 요구받고 있다. 포괄적 가치란 성과가 사회적 경제조직이 생산한 제품이나 서비스의 직접적 사용자를 통해 얻는 가치에 국한되지 않고, 사회적 영향력이라는 외부성까지 포함하여 반영하는 것이다. 전통적인 성과영역인 결과(outcome)를 넘어서는 새로운 가치이며, 소위 영향(impact) 또는 변화라 불린다.

이를 성과로 받아들이기 위해서는 성과를 바라보는 시각 또한 전통적인 범주에서 확대되어 다양한 시각들을 균형적으로 받아들여야 한다. 그 주요 내용은 다음과 같다.

첫째, 재무를 넘어서 재무와 비재무지표 간에 균형을 취해야 한다. 재무지표 외에 조직의 고객에 대한 관심, 내부 운영을 중심으로 한 프로세스 측면, 미래 혁신에 대한 동인 등과 같은 비재무적 영역 또한 성과로 고려해야 한다.

둘째, 과거를 넘어서 미래의 지표도 고려해야 한다. 즉, 재무적 평가는 이미 지난 과거에 대한 평가로 과거지향적이자 결과지향적이다. 따라서 성장 및 학습과 같은 미래 혁신에 대한 동인을 함께 평가해야 한다.

셋째, 조직의 내부 평가를 벗어나 안과 밖의 평가를 함께 고려해야 한다. 조직 내부의 효과적인 프로세스를 창출하여 조직 외부의 고객을 만족시키고 있는지를 평가하고, 반대로 조직 외부의 고객만족을 통해 조직 내부의 프로세스가 효과적인지를 평가해야 한다. 대부분의 성과지표는 내부 운영효율의 관리에 치중하고 있는데, 조직의 성과는 고객이나 외부 이해관계자와의 상호작용을 통해서만 창출함을 잊어서는 안 될 것이다.

4. 프로세스 중심적으로 사고하기

1) 관리의 대상으로써 프로세스

본서에서는 경영을 '조직이 의도한 일을 되게 하는 활동'으로 정의하였다. 그 일을 되게 하는 것이 '일하는 방식'이며, 이것이 프로세스

(process)이다. 프로세스는 경영이 조직 전체로 전달되는 경로이자, 이해할 수 있고 관리할 수 있는 비즈니스의 최소단위이다.

이 프로세스가 관리되어야 할 핵심 대상으로 부각되고 있다. 과거의 경영이 눈에 보이는 투입 요소를 중점 관리하였다면, 현대의 경영은 블랙박스(black box)였던 프로세스가 경영 활동의 핵심적 관리 대상이 되고 있다. 따라서 프로세스의 이해와 관리가 곧 협의의 경영이자 경영의 핵심이라 할 수 있다.

활동을 공급자 시각이 아닌 소비자 시각으로 재편된 프로세스로 이해할 경우, 즉 같은 일을 하는 사람끼리 협력할 경우 비로소 질문을 하게 된다. 왜냐하면 일에 사람을 종속시키는 것이 아니라 사람에게 일을 종속시키게 되어 사람이 일의 완결성을 볼 수 있기 때문이다. 스스로가 일을 기획하고 추진하면서 책임을 질 수 있을 때, 이로 인해 일의 보람을 느낄 수 있을 때, 하고 있는 일이 올바른지 또 올바르게 일을 하기 위해서는 무엇을 해야 하는지에 대해 질문하게 된다. 일을 쪼개놓으면, 즉 일 중심으로 사람을 종속시키면 그저 맡은 일을 제대로 하기 위한 답을 찾기가 십상이다. 상황이 복잡할수록, 변화가 빠를수록, 또 고객의 요구가 보다 다양할수록 프로세스 중심적 사고는 앞만 보고 달리는 단순함에서 탈피하게 하여 질문하는 조직으로 변모시킨다.

2) 기능 중심 사고에서 프로세스 중심 사고로

현대 조직의 대표적인 형태가 곧 기능 중심 조직으로, 철저히 공급자 중심으로 형성된 조직구조이다. 기능 중심 조직은 업무가 각 기능에 의해 관리되는 조직으로, 업무 단위로 자원을 관리하고 기능의 최적화에 관심을 갖게 된다. 따라서 기능부서의 직원들은 '조직 전체'나

'고객'이 아닌 '나' 중심의 직무를 마치는 것에 중점을 두며 타 기능과의 상호작용에는 일반적으로 둔감해지게 된다.

이러한 조직의 문제는 지엽적·분리적 차원의 기능은 그 자체만으로 고객에게 아무런 가치를 제공하지 못한다. 즉, 최종적으로 고객이 원하는 서비스를 창출하기 위해서는 기능이 상호 연결되어야 하는데 조직을 기능 중심으로 운영할 경우 기능 간 장벽이 발생하여 결국 아무도 고객가치창출에 직접적으로 책임져야 할 소재를 가려내지 못하는 부분최적화(local optimum)만을 달성하게 된다. 따라서 기능 중심 조직은 고객 서비스가 실종되고 고객의 만족도가 떨어지는 문제점에 봉착하게 된다.

이에 반해 프로세스 중심 조직은 철저히 소비자 중심으로 재편한 조직구조이다. 따라서 프로세스 중심 조직은 여러 기능을 관통하는 형태를 보이고 있다.

프로세스 사고(process thinking) 또는 프로세스 중심 사고(process- centered thinking)는 조직 내 모든 활동의 집합을 프로세스로써 개념화하고 프로세스가 투입물을 받아 상품, 서비스 및 이익을 생산하기 위해 어떻게 상호작용하는지에 대해 이해하고자 하는 사고 방식을 말한다.

프로세스 중심 조직은 업무를 프로세스 중심으로 재편한 조직으로 '나'가 아닌 고객이 원하는 서비스를 생산에서부터 소비까지 일련의 기능을 관통하여 연결한다는 조직이다.

이 경우 고객이 더욱 명확히 정의되며, 자신들의 업무가 전체 프로세스와 고객에게 어떤 영향을 주게 될지를 생각하게 되기 때문에, 업무의 결과에 대해 공동으로 책임을 지게 된다. 이렇듯 연계적이며 통합적이고 전체적 관점을 중시하는 프로세스 중심 조직은 보다 자연스럽게 전체최적화(global optimum)에 신경 쓰게 된다.

따라서 프로세스 조직은 고객이 명확히 보이며 고객에게 가치를 창출하기 위한 업무처리 속도가 향상될 뿐 아니라 업무관리 능력도 강화되어 책임통제를 명확히 할 수 있다. 또한 조직이 프로세스 팀을 중심으로 서로 협력하게 되어 팀워크가 좋아지며 관료주의를 사전에 예방할 수 있어 조직 민첩성이 제고된다.

03 경영을 혁신하자

1. 옳은 일을 하고 있는가

경영은 성과를 창출하는 활동으로 이를 위해서 조직이 보유한 자원의 분배와 활용에 대한 의사결정이 제대로 이루어져야 한다. 왜냐하면 열심히만 한다고 성과가 창출되는 것도 아니지만 그렇다고 아무것도 하지 않는다고 성과가 창출되지 않는 것도 아니다. 즉, 성과를 창출하지 못하는 이유는 성과를 창출할 수 없는 일을 하느라 대부분의 시간과 노력을 소비하고 있기 때문이다. 따라서 성과를 창출하려면 성과와 관계없는 일을 제거하고 성과와 관계된 일에 집중하여 최선을 다하는 것이 필요하다.

이렇게 조직이 성과를 창출하기 위해 갖추어야 할 능력은 다음과 같다. 이는 곧 자원이 집중되어야 할 부분으로 의사결정의 기준이 되기도 한다.

첫째, 조직은 올바른 일을 하는 능력(doing the right things)을 갖추어야 한다. 이는 조직이 적절한 목적을 선정하고 추구하는 능력과 함께 이를 위한 목표를 달성하기 위해 옳은 일 혹은 반드시 해야 하는 일을 선택하고 집중하는 능력을 의미한다. 올바른 일을 하는 능력은 효과성(effectiveness)과 유사한 의미로, 효과성이란 조직의 외부지향성을 나타내며 사명을 성취하고 비전과 목표를 실현하기 위해 조직이 자리를 잘 잡는 것을 말한다.

이렇게 일을 효과적으로 한다는 말은 곧 조직이 의도하는 목표를 달성하도록 일을 하는 것으로 이를 '올바른 일을 한다'라고 할 수 있다. 따라서 효과성은 성과를 창출할 수 있는가 혹은 목표를 달성할 수 있는가의 여부라고 해석할 수 있다.

둘째, 조직은 일을 올바르게 하는 능력(doing things right)을 갖추어야 한다. 이는 조직체가 자원을 최적으로 배분하고 활용하기 위해서 가용자원을 잘 이용하는 능력을 말한다. 일을 올바르게 하는 능력은 생산성(productivity) 혹은 효율성(efficiency)과 유사한 의미로 조직의 내부지향성을 나타내며 조직자원의 사용에 있어 경제성을 실현하는 것을 말한다.

이렇게 일을 생산적 또는 효율적으로 한다는 말은 곧 적은 자원과 노력의 투입으로 더 많은 결과를 얻어낼 수 있도록 하는 것으로써, 이를 올바르게 일을 한다고 할 수 있다. 따라서 생산성 혹은 효율성이 높게 일을 한다는 것은 해야 할 일을 가장 올바르게 일하는 것으로 이 능력이 우수한 사람들이 일반적으로 일 잘하는 사람이라는 말을 듣게 된다.

여기서 명심해야 할 사항은 생산성 혹은 효율성은 반드시 효과성이 충족된 상황에서 수행되어야 성과로 나타나게 된다는 점이다. 그렇지 못할 경우 그저 열심히 일할 뿐 성과창출로는 이어지지 않게 된다.

마지막으로, 조직은 일을 열심히 하는 능력(doing the things hard)을 갖추어야 한다. 올바른 일이 선정되고 올바르게 하는 방법을 알았다면 그다음으로는 성과를 지속적이고 반복적으로 창출하도록 최선을 다해 노력해야 한다.

따라서 열심히 하는 능력이란 성과를 지속적이고 반복적으로 창출하는 능력을 말한다. 올바른 일을 선정했고 올바르게 하는 방법도 알았는데 성과가 컸다 작았다 하면서 그 변동성이 크다면 성과창출력이 높다고 할 수 없을 것이다.

이 경우에서도 효과성과 생산성 및 효율성이 전제되어야 하는 것은 말할 것도 없다. 자신이 하는 일이 조직에게 성과를 창출하는지와 무관하게, 또 생산적이거나 효율적이지 않게 그저 열심히만 일하는 것만큼 조직에서 불행한 일은 없을 것이다. 그들이 사용한 자원의 낭비와 생산한 상품의 재고는 결국 조직을 회생 불가능한 상태로 몰고 갈 것이기 때문이다.

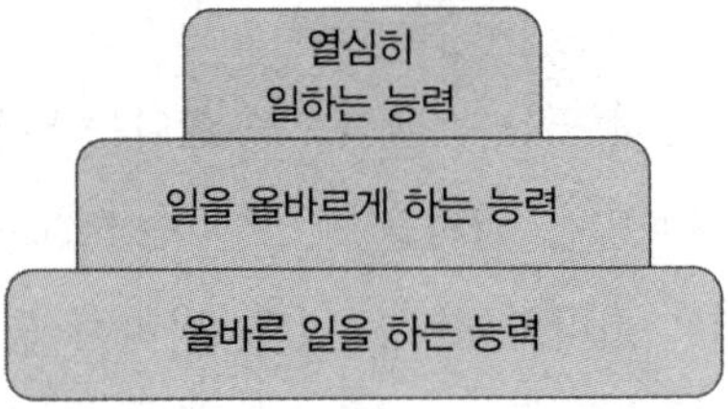

〈경영혁신을 위해 조직이 갖추어야 할 능력〉

2. 진정 인간이 관리의 대상인가

과연 인간을 자원으로 보는 시각은 타당한가? 인간을 물적, 금융, 정보 등과 같은 종류의 자원으로 취급하는 시각은 과거 공장형 대량

생산 시대의 유산으로 1인당 국민소득이 일천했던 시대의 인간관이다.

당시 공장 근로자는 신분제 사회에서 하층을 구성하고 있었으며, 인간으로서의 권리가 미약했을 뿐 아니라 생산성 증가를 위한 직접적 수단으로밖에 간주하지 않았었다. 즉, 이는 기계적 인간관의 반영으로 인간은 기계와 같이 관리되고 통제되어야 할 수동적이고 윤리와 배려 등이 없는 몰가치적 대상이었다. 이러한 인간관은 주류 경영학과 경제학의 인간관이며 '전체는 언제나 부분의 합과 같다'는 환원주의에 입각한 요소로서의 인간관이다. 스미스(A. Smith) 이래 테일러(F. Taylor)와 포드(H. Ford) 등으로 이어지는 효율성을 강조하는 부분최적화에 기초한 인간관이라 하겠다.

현대에도 이러한 인간관은 여전히 유효할까? 오늘날 1인당 국민소득은 선진국의 경우 3만 달러를 넘어 4~6만 달러에 도달하고 있다. 또 과거에는 찾아볼 수도 없는 민주주의가 진화되고 만연한 환경 속에 인간으로서의 권리를 돈독히 쌓고 있다. 최저 생계에 연연해하던 시기와 분명히 다른 인간관이 요구된 지가 이미 오래되었다.

이제 생산의 시대는 종식되었고 다품종소량 생산의 맞춤형 소비의 시대가 전개된 지도 어제 오늘의 일이 아니다. 인간은 고객으로서 만족을 누릴 권리뿐 아니라 조직 내 생산자로서 만족을 누릴 권리를 보장받고자 하며 그 여부가 조직생존과 직결되고 있다.

인간은 더 이상 기계와 같은 존재가 아니라, 자율적이며 더불어 일함으로써 내재된 잠재력을 최대한 발휘하고자 하는 자기실현적 유기체이다. 이러한 인간관은 주류 경영학과 경제학의 인간관에 반해 '전체는 부분의 합 그 이상'이라는 전일주의에 입각한 관계로써의 인간관이다. 드러커(P. Drucker) 이래 데밍(E. Deming)과 골드랫(A. Goldratt) 등으로 이어지는 효과성을 강조하는 전체최적화에 기초한 인간관이라 하겠다.

콜린스(J. Collins)는 위대한 기업으로 도약한 기업의 성장에는 상황의 함수가 아닌 의식적 선택이 있었다고 분석하였다. 예를 들어 의료기관에 대입하면 의료기관의 성장은 의료수가나 환자의 수에 따라 결정되는 것이 아니라, 내부 직원들이 어떤 의식을 선택하였느냐에 따라 결정된다는 것이다. 그 의식을 결정하는 내부 직원들을 수동적이고 통제적인 기계와 같은 몰가치의 자원으로 취급한다면 얼마나 많고 새로운 관리 방식이 부과되어야 할지 알 수 없으며, 그 과정에서 파생되는 피곤함과 역효과 또한 견디기 어려울 것이다.

조직이 성장하려면 부분의 성과가 아닌 전체의 성과를 창출하여야 한다. 그 전제조건으로 조직 전체의 관점에서 스스로의 행동을 자율적으로 규율할 수 있는 유기체적 인간관의 정립이 무엇보다 필요하다.[3]

3. 시스템, 프로세스가 관리의 대상이다

공급이 중심이던 시기에서는 프로세스가 주목을 받지 못했다. 주요 이유로는 먼저 생산하면 팔리던 공급자 중심 시장에서는 사람, 자본, 시설 및 장비와 같은 투입 요소의 양적 확대와 생산성향상과 같은 질적 확대가 생산의 확대로 이어졌기 때문이다. 또 시장의 상황 또한 비교적 단순하여 소비자의 욕구를 반영하기에 무리함이 없었다.

3 다만 아직도 주류 경영학에서 통용되는 인적자원이라는 표현을 그대로 답습함이 여타 이론과의 원활한 흐름과 이해에 도움이 되고 있어 혼용하고자 하나 그 근본정신은 상이함을 밝혀둔다.

무엇보다 중요한 것은 프로세스는 눈에 보이지 않아서 측정하기 어려웠고 이로 인해 관리와 개선의 대상이 되지 못했다는 점이다.

그러나 상황이 바뀌기 시작했다. 시장의 중심이 생산에서 소비로 전환되면서 생산이 판매로 이어지지 못하여 재고가 자산이 아닌 비용으로 조직에 부담을 주고 있다. 또 과거와 같은 투입물의 양적·질적 확대가 더 이상 생산의 효율성으로 나타나지 않는 한계를 맞이하게 되었다. 더구나 동일한 투입물로 동일한 산출물이 생산되지 않음에 따라 자연스럽게 변환 과정인 프로세스(process)에 주목하게 되었으며 관리의 주체로 부각되었다.

해머(M. Hammer)와 챔피(J. Champy)에 의하면 프로세스의 혁신은 다음과 같은 조직의 변화를 가져온다.

먼저, 업무 단위가 부서에서 프로세스 팀으로 변화하게 된다. 리엔지니어링은 자잘한 분업을 다시 하나로 모으는 작업이자 조직에 의해 인위적으로 떨어져 있던 사람들을 한곳으로 모으는 것이다. 이를 프로세스 팀이라 한다.

둘째, 업무를 단순 과제에서 다차원적인 것으로 변화시킬 수 있다. 프로세스 팀 작업자는 개별 과제가 아닌 프로세스 결과 전체를 책임지게 되어 책임을 공유하게 된다. 이는 조직의 더 큰 그림을 보도록 하여 업무 경계를 뛰어넘어 다차원적인 형태를 띠게 된다. 다차원적 업무는 점검, 재조정, 대기, 감독, 추적 등 프로세스의 분열을 보완하기 위해 존재했던 무수한 비생산적 작업들이 줄어들게 하여 더 많은 시간을 실제 업무에 사용하도록 한다.

셋째, 업무완성도를 높여 성취감을 강하게 느끼게 된다. 경영자의 도전정신을 이해하게 되며, 보상에 대한 많은 부분을 공유하게 되고,

그 결과 더욱 고객에 집중하게 된다. 승진이라는 외적 보상이 아닌 개인의 영역확장이라는 내적 보상의 중요성을 인식하게 된다.

넷째, 통제받는 자에서 권한 가진 자로 변모하게 된다. 전통적인 조직에서는 규정대로 작업하기를 원하나, 프로세스 조직에서는 전체 프로세스의 완성이 더 중요하니까 스스로 규칙을 만들길 원한다. 이로 인해 감독과 관리의 필요성이 줄어들며 의사결정권을 위임받아도 문제가 없는 상태로 변화된다.

다섯째, 업무의 준비가 훈련에서 교육으로 변화하게 된다. 전통적인 조직에서는 '어떻게'를 해결하기 위한 '훈련'이 강조되었다면, 프로세스 조직에서는 '왜'를 해결하기 위한 '교육'이 강조된다.

여섯째, 성과측정 및 보상의 기준이 활동에서 결과로 변화하게 된다. 전통적 조직에서 개별 근로자의 업무는 그것만으로 가치를 가지지 않으나, 프로세스 조직에서는 가치에 초점을 두고 성과는 가치창조에 따라 측정되어 보상과 연계되게 된다.

일곱째, 관리자가 감독관이 아닌 코치로 변모하게 된다. 전통적 조직에서는 상관은 작업을 설계하고 배분하는 역할을 수행하나, 프로세스 조직에서는 팀이 스스로 알아서 하게 된다. 따라서 관리자는 감독관에서 조력자나 코치로 자연스럽게 변화하게 된다. 이것이 진정한 관리자의 업무이다.

여덟째, 조직구조가 수직에서 수평으로 변화하게 된다. 전통적 조직구조에서는 조직구조가 매우 중요한 역할을 수행하나, 프로세스 조직에서는 조직구조가 크게 중요하지 않게 된다. 누구와도 의사소통할 수 있으며 통제권한은 위임된다.

아홉째, 경영진은 리더로서 변화된다. 전통적 조직에서 경영자는 실제 운영과 분리되어 그 결과에만 집착하는 것과 달리, 프로세스 조직에서는 경영자는 운영과 가까워져 함께 참여하고 지원하는 조력자로서 역할을 수행하게 된다.

이렇게 업무가 변하면 업무 담당자 및 관리자의 역할이 변하고 그 결과 경력, 성과측정, 보상이 변하게 되어 작업자의 사고와 행동까지 변하게 된다.

이는 다음과 같은 경영시스템 다이아몬드로도 설명할 수 있다. 즉, 프로세스가 변하면 조직구조가 변화하게 되고 그 결과 경영관리가 변하며 이는 곧 조직문화의 변화를 일으켜 다시 새로운 프로세스의 변화를 요구하게 되는 선순환구조를 가져갈 수 있다. 따라서 프로세스 개선은 단순히 업무의 과정만 개선하고 재설계하는 것이 아니라 조직구조와 관리, 문화까지의 변화를 염두에 두면서 진행되어야 한다. 즉, 프로세스의 개선은 경영혁신의 시작점이자 종결점이 됨을 명심해야 한다.

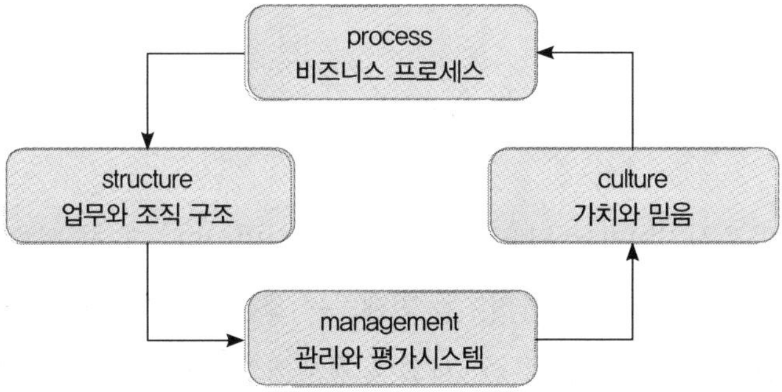

〈경영시스템 다이아몬드〉

Chapter 5
소셜 매니지먼트의 양대 축, 미션과 성과

사회적 경제조직의 경영을 포괄한 모든 조직의 경영은 미션 중심 조직이 되어야 하며, 그 미션을 성과로 전환할 수 있어야 한다. 이는 일반적인 기업 경영 또한 마찬가지다. 따라서 모든 경영은 미션과 성과를 양대 축으로 전개된다.

01 미션 중심적이어야 한다

미션 중심적이라는 말은 크게 두 가지 의미이다. 그 첫 번째는 존재의 의미가 뚜렷해야 하며, 두 번째로는 조직이 일심동체의 경영체로 정렬함을 의미한다. 특히, 사회적 경제조직의 미션은 공적 가치인 사회적 가치를 더욱 존중함에 특화된다. 그 주요 내용은 다음과 같다.

1) 사회적 가치의 존중

사회적 경제조직은 사람들의 삶과 사회를 유지존속시킴에 절대적으로 필요한 공적 가치를 내포하고 있는 제품과 서비스를 생산하고 있기 때문에 사회적 가치를 우선하는 조직이어야 한다. 사회적 가치를 우선하는 조직이 되기 위해서는 사회적 가치가 더불어 살아감에 얼마나 중요한지를 '자각'해야 하며, 이로부터 어찌해야 하는지에 대해 '스스로에게 의미를 부여'해야 한다.

공적 가치의 중요성을 자각하기 위해 다음과 같은 몇 가지의 질문에 답을 찾아보길 바란다.

그 첫 번째 질문은, 오늘 자신의 성장과 성공에 자신의 능력이 어느 정도 영향을 미쳤다고 보는가이다. 만약 전적으로 자신의 능력에 의한 것이라고 한다면 아프리카에 있었어도 오늘과 같은 성장과 성공을 이룰 수 있었는지 다시 물어보자. 상당부분 쉽게 답하지 못할 것이다. 물론 사회가 자신에게만 영향을 미친 것은 아니겠지만 이를 존중하는 경우와 여전히 자신의 능력 때문이라는 의식은 사회정책을 취함에 큰 차이로 나타나게 된다. 대개 세금을 많이 걷는 국가일수록 사회존중의 강도가 강하다.

두 번째로 죄수의 딜레마에 대한 해법을 보면서도 함께 협력함이 사회 전체적으로 더 큰 성장을 가져올 수 있음을 자각할 수 있다. 즉, 개인의 가치만 최대로 추구할 때보다 상대를 위해 양보할 수 있을 때 전체적으로 더 큰 성과를 얻을 수 있음에 대한 자각이다. 환원주의를 넘어 전일주의에 입각해야 함을 자각하는 것과 일맥상통한다.

세 번째로 경제성장에 기계와 노동 요소가 몇 %나 영향을 미쳤는지를 자문해 보자. 어떤 보고에 의하면 14% 정도라고 한다. 나머지

86%는 새로운 에너지의 발견과 활용이라고 한다면,[1] 이를 관리하고 활용하는 힘은 사적 영역에서 나왔을까, 아니면 공적 영역에서 나왔을까? 흔히 경제성장을 시장에 맡겨두라고 하는데 이러한 논리라면 그 시장의 기능은 14% 한도 안에 그칠 것이다. 공적 영역의 역할이 이와 같이 중요하다.

따라서 미션화된 조직이란 자신이 하는 일이 정말 가치 있는 일이라는, 또 함께 살아가는 사회를 조금이라도 살기 좋게 만드는 데 기여한다는 자긍심으로 일하게 하는 조직을 말한다. 이런 조직이라면 동기부여, 관리감독, 평가 등 경영관리의 여타 기법들이 자연스럽게 녹아들어 중요하지 않게 된다. 콜린스(J. Collins)가 강조했던 '좋은 조직'을 넘어 이른바 '위대한 조직'의 전형이 된다.

사회적 가치의 중요성에 대한 자각은, 아주 쉽게 말해 맑은 미션을 갖는 것이고, 착하게 사는 것을 말한다. 특히 사회적 경제조직에서 이에 입각하지 않으면, 언행이 일치하지 않는 스스로의 고단함에서 벗어나기 힘들 것이다. 역사적으로도 '의로움(사회적 가치)이 이로움(경제적 가치, 개인적 가치)을 앞서야 번영한다'[2]는 경험은 무수히 얻을 수 있다.

2) 일심동체의 경영체로

미션이 명확하다는 것은 곧 조직이 자신의 미션을 비전, 목표, 전략과 운영에 이르기까지 한 줄로 정렬시켰음을 의미하는 것으로 조직

---

1 이는 독일 뷔르츠부르크 대학교의 물리학자 라이너 퀴멜과 프랑스 인시아드의 경제학자 로버트 에어스 등의 연구결과로 리프킨의 한계비용 제로 사회(2014)에서 재인용하였다.

2 중국의 유학자 순자(荀子)의 '先義而後利者榮'(義를 利보다 앞세우는 자는 번영하리라)에서 따온 말로 자신의 이익보다 고객이나 거래 업체의 편익과 사회공헌을 우선시하는 조직태도를 나타낸다.

의 정체성이 명료함을 뜻한다. 즉, 모든 구성원이 조직이 존재해야 하는 이유와 가야 할 방향에 대해 명확하게 이해하게 있고 이를 어떻게 실천해야 하는지를 스스로 규율할 수 있는 조직을 말한다.

이렇게 구성원 모두의 행동 방향을 통일하여 한 곳에 조직적 역량을 집중하는 이른바 '일심동체의 경영체'를 구성하게 되면 모든 구성원은 상사나 타인이 아닌 스스로가 무엇을 해야 할지 규율하게 되어 책임감과 의사결정권이 자연스럽게 위임된다.

이른바 경영자적 비전을 갖고 있는 조직으로 거듭나게 되는 순간이다. 이렇게 되어야만 일터에서 자아를 찾을 수 있다. 이는 그 어떤 당근과 채찍보다 효과적이다. 이런 측면에서 미션의 명확성은 장기적 생존을 위해 그 무엇과도 바꿀 수 없는 훌륭한 전략이 된다. 이는 과히 최고의 조직이다.

사회적 경제조직을 구성하고 있는 여러 하위 부서가 저마다 최선을 다해 활동을 하면 결국 조직 전체의 입장에서도 최선을 다 한 것인가?

이에 대한 대답을 다음의 상황을 통해 살펴보자. A 부서와 B 부서로 구성된 사회적 경제조직이 있다고 하자. 두 부서가 합심하여 협력할 경우 각각은 1만큼의 수익을 기대할 수 있으나, 두 부서가 갈등을 겪어 서로 협력하지 않을 경우에는 각각 −5만큼의 수익, 즉 5만큼의 손해(총합 10만큼의 손해)를 보게 된다고 하자. 한편 어느 한 부서만 협력하고자 하고 다른 한 부서는 이에 동조하지 않을 경우 협력하고자 했던 부서는 10만큼의 손해를 보고, 협력하지 않은 부서는 오히려 2만큼의 수익을 얻는 상황(총합 8만큼의 손해)이 있다고 했을 때 각 부서는 어떤 선택을 하게 될 것인가?

결론부터 이야기 하자면 개별 부서의 최선의 선택은 상호 협력하지 않는 것으로써 각각 5만큼의 손해를 보는 결과를 낳게 된다. 조직 전체의 입장에서의 최선은 모두 협력하여 각각 1만큼의 수익을 얻는 것이었다.

이렇게 하위 부서 간의 갈등으로 말미암아 개별 하위 부서의 최선이 전체 조직의 최선으로 나타나지 않는 현상을 '조직의 딜레마(the dilemma of organization)'라고 한다.

		부서 B	
		협력	비협력
부서 A	협력	1, 1	−10, 2
	비협력	2, −10	−5, −5

〈조직의 딜레마〉

사람을 포함한 모든 동물과 식물은 자신을 구성하는 하위 단위가 최적으로 움직이면 전체 시스템은 최적에 이르게 된다. 사람의 경우, 심장이 혈액을 순환시키고 허파가 혈액에 산소를 공급하고 이산화탄소를 받아 배출시키는 등 개개의 장기들이 제 역할에 충실하면 사람은 건강하게 살 수 있게 된다. 식물도 뿌리가 물과 양분을 흡수하고 잎이 광합성을 차질 없이 수행하게 되면 싱싱함을 유지할 수 있다. 이렇게 심장은 허파와 다투지 않으며 뿌리는 잎과 충돌하지 않는다.

그러나 사람이 만든 조직은 그렇지가 않다. 하위 단위의 최적, 즉 부분의 최적(suboptimization, local optimization)이 전체 최적이 아닐 수가 있다. 이것이 경영관리가 필요한 근본적인 이유가 되기도 한다.

개별 하위 단위가 최적으로 움직이면 조직 전체가 최적이 된다는 생각에서 '관리의 실패'가 발생함에 유념해야 한다.

02 미션을 성과로 전환하자

다음으로 미션을 성과로 전환시킬 수 있어야 한다. 오늘날 현대 경영이 강조하고 있는 최대 이슈 중의 하나가 성과 중심의 경영이다.

뚜렷한 미션은 조직이 해야 할 일과 하지 말아야 할 일을 명확하게 구분 짓는다. 해야 할 일에만 집중하는 것이 성과 중심 조직이 취해야 할 첫걸음이며 이에 기초해 다음과 같은 세 가지 이슈에 답해야 한다. 첫째는 '성과를 무엇으로 볼 것인가'이며, 두 번째는 '성과를 어떻게 측정할 것인가'이다. 마지막으로 사회적 경제조직에 있어 '성과 측정의 방향은 어떠해야 하는가'이다.

1) 성과를 무엇으로 볼 것인가?

성과를 바라보는 시각에 대해서는 크게 성과의 대상에 대한 것과 성과의 영역에 대한 것으로 나누어 살펴볼 수 있다.

(1) 성과의 대상

그 첫째는 성과의 대상에 대한 것이다. 전통적인 조직의 성과시스템은 재무 중심적으로 전개되어 왔다. 이는 측정이 상대적으로 용이하고 이해하기 쉬운 장점을 갖고 있으나, 이미 지나버린 과거 실적에 대한 성과를 평가하고 있고 조직의 전략과 연계되어 그 전략이 잘 실행되고 있는지를 파악할 수 없다는 점 등이 한계점으로 작용한다.

따라서 보다 미래지향적이며 결과에 대한 원인을 파악할 수 있는 모니터링이 가능해야 하며, 조직 외부지향적일 뿐 아니라 전략과 연계된 성과시스템의 필요가 높게 제기되고 있다.

(2) 성과의 영역

두 번째는 성과의 영역에 대한 것이다. 과거에 성과는 산출(output) 중심이었다. 그러던 것이 결과(outcome)로 변화되었다.[3] 이제 그 범주를 더 넓혀야 할 유인이 안팎으로 제기되고 있다. 이른바 영향(impact) 및 변화 등이 그 대안으로 거론되고 있다.

영향 및 변화에 관해 합의된 개념은 아직 없다. 서비스의 경우, 어느 범위까지의 영향 및 변화를 이야기할 것인가에 따라 '그 수혜자의

성과평가의 체계 및 영역

	구조평가		과정평가	결과평가	영향평가
대상	input (투입)	activity/ process (활동)	output (산출)	outcome (결과)	impact (영향, 변화)
의미	자원	프로그램	영향받은 사람 수	영향받은 사람의 변화	지속적 변화
예시	가난한 아동 치료에 대한 지원금	아동치료 의사양성	치료받은 가난한 아동 수	학교결석일 감소	대학진학
측정 내용	효율성 (올바르게 일을 하는 능력)			효과성 (올바른 일을 하는 능력)	
구분	성과관리			성과평가	

3 outcome을 결과, 성과 등으로 번역하나 적절하지는 않다. 이는 그 용어가 활용된 시점에서 결과나 성과를 대변하기 위해 지칭한 성격이 더 크다. 이제 impact 등과 같이 더 넓은 개념의 결과와 성과가 출현함에 따라 적절한 번역 용어가 더 애매하게 되었다.

영향 및 변화'라는 협의의 시각에서부터 '이로 인해 파생되는 가정, 조직, 환경 및 사회 전체의 변화'에 이르기까지 그 범주가 매우 다양하다.

제 개념 모두 어떤 시스템에서 투입이나 원인이 변환되어 얻어진 결과(result)에 기초하고 있으나, 그 차이는 대부분의 사회적 경제조직과 같은 사회적 비영리조직의 성과와 존재타당성에 커다란 영향을 미치기 때문에 대단히 중요하다.

의료조직의 예를 통해 그 차이점을 살펴보자. 산출은 의료기관에 의해 수행된 활동이다. 진료받은 환자 수가 그 대표적인 예이다. 결과는 의료기관에 의해 수행된 활동에 대한 관찰된 효과이다. 받은 진료가 환자의 통증을 어느 정도 낮추었는지가 그 대표적인 예이다. 영향이란 수혜자만을 대상으로 했을 때 환자의 완화된 통증이 진료에 의해 어느 정도 영향을 받은 것인가가 될 수 있다. 영향의 범주를 가정, 조직, 환경, 사회 전체로 확대한다면, 가정 구성원들이 간병에서 벗어나 다시 일상으로 돌아가 경제 활동을 지속함으로써 소득이 높아지고 가족 간에 행복감이 더욱 공고해질 뿐 아니라 어떻게 삶의 의미를 재해석하게 되는지까지도 평가할 수 있다. 조직은 생산성향상을 도모할 수 있고, 환경은 진료 소모품 등으로 인한 폐기물 처리량을 줄일 수 있으며, 사회는 전염병의 위협이 줄어들어 보다 건강한 생활을 유지할 수 있다.

공공병원의 성과를 재무적인 측면에서 살펴보면 적자가 되어 폐업해야 할 상황이 된다고 할 수도 있으나, 영향까지 성과로 파악할 경우 오히려 확장해야 할 상황으로 반전될 수도 있다. 1940년대 제2차 세계대전 이후 유럽과 미국, 일본 등과 1950년대 한국전쟁 이후에 베이비 붐 세대가 형성된 것이 좋은 사례가 될 것이다. 이것도 전쟁 종식이 만든 영향이다.

한편, UN은 영향을 사람들의 삶의 변화로 설명한다. 이러한 영향은 경제적, 사회 문화적, 제도적, 환경적, 기술적일 수 있으며, 그 밖의 다양한 영역에 해당될 수 있다. 긍정적인 영향은 구체적으로 합의된 개발 목표, 국가 개발 목표(헌법에 명시된 인권 포함), 국제 협약 및 조약에 대한 국가 약속과 어느 정도 관련이 있어야 한다.

또 EU는 영향을 주어진 정책 옵션/개입의 구현 및 적용으로 인해 발생할 것으로 예상되는 모든 변화로 설명한다. 평가 맥락에서 영향은 특정 개입으로 인해 장기적으로 발생하는 변화를 의미한다.

일반적으로 영향은 개인이나 조직이 사회 혹은 환경에 미치는 영향력(impact)으로 정의된다. 임팩트는 긍정적일 수도 있고 부정적일 수도 있으며, 의도적이거나 의도하지 않았을 수도 있기 때문에, 이를 평가하고 관리한다함은 긍정적인 영향과 부정적인 영향을 파악한 다음 부정적인 영향은 줄이고 긍정적인 영향은 늘림을 의미한다.

영향의 크기에는 그 범주를 어디까지 볼 것인지에 대한 사회적 합의가 중요하다. 그러나 분명한 것은 사회는 삶의 질을 높이고 지속가능한 성장의 방향에서 성과의 범주를 확대 조정할 수밖에는 없을 것이라는 점이다.

2) 성과를 어떻게 측정할 것인가

성과의 측정과 관련하여 두 가지 중요한 논의거리가 있다. 그 첫째는 성과의 객관적 측정이 필요하다는 것과, 둘째는 무엇을 측정할 것인가의 문제이다.

(1) 객관적 측정의 필요성

첫째는 성과의 객관적 측정은 매우 필요하다는 것이다. 드러커(P. Drucker)도 어떤 현상을 숫자로 표현하지 못한다면 이를 정확하게 이해하지 못하고 있으며, 이해하지 못하는 것은 관리할 수도 개선할 수 없다고 지적할 정도로 측정과 평가는 중요하다. 성과의 범주를 산출로 보았던 이유도 또 결과 중심으로 성과를 파악하고자 하는 모든 것이 측정의 용이성에 있었다. 영향을 성과의 범주에 포함시키려는 의도 또한 측정의 문제와 함께 가야 할 것이다.[4]

따라서 정성적 지표에 대한 정량화는 꾸준히 요구될 것이다. 그 대표적인 흐름이 핵심성공요인(critical success factor: CSF)의 추출과 이에 따른 핵심성과지표(key performance index: KPI)의 도출 등이라 하겠다.

(2) 측정의 대상

둘째는 무엇을 위한 측정인가에 대한 문제이다. 다시 말하면 측정을 왜 하느냐의 문제이다.

세밀하고 정치한 측정으로 인해 조직에서 인간의 존엄성이 파괴되고 개별화되어 직원들이 더 이상 조직 전체를 돌보지 않고 자신의 안전에만 급급한다면, 또 유능한 직원들이 이직을 하게 됨으로써 조직 전체의 성과가 오히려 저하된다면 이는 성과측정을 통해 얻으려는 소득이었을까?

---

4 비록 완성형은 아니지만, 해외에서는 이미 영향 측정에 관한 프레임워크와 수단들이 개발되어 활용되고 있다. 그 대표적인 것이 미국 REDF(Roberts Enterprise Development Fund)가 1996년 개발한 SROI(Social Return On Investment)와 미국 비영리기관인 B Lab이 2011년 정식으로 런칭한 GIIRS(Global Impact Investing Rating System) 등이 있다.

같은 성과를 측정하더라도 개인이나 부서의 경쟁에 의한 부분적으로 최적화된 성과가 아니라 상호 협력을 통한 조직 전체의 성과를 측정한다면 전혀 다른 결과가 나타날 수 있을 것이다. 즉, 효율성은 효과성이 담보된 상태에서 추진되어야 한다. 다시 말하면 올바른 질문에 대한 옳은 답을 찾아야 한다. 답 찾기에만 급급하다 보면 옳지 않은 질문에 대한 답을 찾을 수 있음을 명심해야 한다.

그렇다면 어떻게 해야 옳은 질문을 하게 될 것인가? 옳은 질문은 조직의 고객에게서 나온다. 고객만이 정의하기 때문이다. 이것이 미션에 포함된다. 따라서 조직 전체를 염려할 수 있어야만 드디어 질문을 하기 시작한다. 관계를 중시하지 않는 환원주의는 질문을 막는다. 시스템 사고에 입각해야 하는 이유가 또한 여기에 있다.

3) 성과평가 방향은 어떠해야 하는가

사회적 경제조직의 미션은 긍정적인 사회 변화를 지향한다. 따라서 변화의 크기를 증명함으로써 미션의 달성 정도를 파악할 수 있다.

그러나 변화의 정도를 파악하는 측정은 매우 중요한 문제이지만 이를 계량하는 데만 매달릴 경우 눈에 보이는 성과 위주로 전개될 수밖에 없어 사회적 기업 본연의 모습이 왜곡될 위험이 높다. 왜냐하면 사회적 기업은 협력, 신뢰, 연대 등 사회적 가치인 미션에 기초하는데 이는 정량화가 쉽지 않은 특성이 강하기 때문이다.

따라서 측정에 앞서 사회적 기업의 미션성을 살려 본연의 '착한 기업'의 모습이 유지되고 또 자생할 수 있도록 성과의 범주를 넓혀야 한다. 이때 성과를 정의하는 과정에서 고려할 사항들은 다음과 같다.

먼저, 성과를 정의하고 측정, 평가하는 과정에서 이해관계자들의 참여가 필수적이다. 성과는 조직이 처한 상황과 추구하는 목적에 따라 얼마든지 조율할 수 있다. 특히 사회적 성과라는 정성적인 가치를 논의할 때, 성과달성을 위해 유기적으로 협력해야 하는 주변 이해관계자들과 충분히 공유된 의식과 합의가 필요하다.

또한, 평가 요소와 함께 그들 간의 관계도 평가되어야 한다. 개별조직이 스스로의 성과를 달성하기 위해 노력하는 모습은 지극히 당연하지만 최근의 경제시스템, 그리고 규모가 작은 풀뿌리조직들이 갖추어야 할 경쟁력은 바로 시스템 전체의 경제성을 확보하는 것이다. 이를 위해서 각 개별조직은 유기적으로 연결되어 있는 기업생태계를 이해하고 연결된 주체로서 성과를 정의할 수 있어야 한다.

사회적 경제 시스템을 활성화시키기 위해서는 앞서 제시한 대로 생태계의 구축이 활발히 일어날 수 있게끔 평가기준을 제시해야 한다. 시스템을 이루고 있는 개별주체들의 양적 성과가 아닌, 주체들 간의 연결의 경제성(economies of linkage, system merit)[5] 확보를 통한 시스템성과를 목표로 해야 한다.

03 소셜 매니지먼트를 찾아보자

앞에서 경영을 특정 조직체가 자신의 고유목적을 효과적으로 달성하기 위한 활동으로 간략히 정의하였다. 그렇다면 이에 입각하여 다음의 사례에서 각각의 사회적 경영을 찾아보기로 하자.

5 연결의 경제성은 기업 활동의 탈경계화의 과정으로 사내 자원뿐 아니라 사외 자원을 연결시킴에 따라 얻게 되는 연쇄적 분업효과 및 연결효과를 말한다. 대표적인 효과로 가차사슬통합, 거래비용절약, 불확실성과 위험감소, 경험학습 및 지식공유효과 등이 있다. 이를 네트워킹의 경제성, 시스템의 경제성이라고도 한다.

1. 방글라데시 그라민은행

1) 개요

2006년에 노벨평화상을 수상한 방글라데시의 무하마드 유누스(Muhammad Yunus)와 그라민은행(Grameen Bank)을 소개하고자 한다. 그라민은행은 1976년에 설립된 가난한 사람들을 위한 무담보 소액 신용대출(micro credit) 은행이다.

치타공대학교의 경제학 교수였던 유누스 총재는 방글라데시 시민들이 온종일 일해서 번 돈의 대부분을 고리대금업자에게 빌린 돈의 이자로 갚느라 빈곤에서 벗어나지 못하는 것을 목격하게 되었다. 담보가 없다는 이유로 은행이 돈을 빌려주지 않는다는 것을 알고 직접 은행을 설립한다.

그라민은행은 자선봉사단체도 구빈단체도 아닌 시장원리에 입각한 일반 은행임에도 불구하고, 150달러 미만의 돈을 담보와 신원보증 없이 하위 25%의 사람들에게만 대출하였고 돈을 갚지 않는다고 월급을 차압하거나 법적 책임도 묻지 않았다. 이 돈을 대출받은 가난한 서민들은 대출한 돈으로 수레와 재봉틀, 송아지 등 경제 활동에 필요한 것에 투자할 수 있게 되었다.

당시 대부분의 사람들은 담보 없이, 그것도 극빈자에게만 대출하는 위험한 영업 방식이 성공하지 못할 것이라 하였지만, 예상외로 지난 30년간 누적 대출액 대비 상환율이 99%에 달하며, 총인구의 10% 이상이 이 은행의 혜택을 입고 있다. 방글라데시에서만 대출자의 42%가 빈곤선을 넘었다.

그라민은행은 2007년 기준으로 직원 약 1만 8,000명의 2,185개의 지점을 가진 큰 은행으로 발전하였다. 또한 무담보 소액 신용대출제도를 운영하는 기관이 오늘날 미국, 영국, 프랑스 등으로 수출되어 100여 개국 250곳이 넘으면서 빈곤퇴치를 위한 대안으로 각광받고 있다.

그렇다면 이런 놀라운 성과를 창출해낸 유누스 총재의 '경영'은 무엇이었을까?

2) 경영 찾기

그라민은행의 고유목적은 '은행업을 통한 빈곤 구제'이며 99% 대출금 상환이라는 효과적인 성과를 만들어내었다. 그라민은행이 창조한 경영은 다음과 같다.

첫째, 한 사람씩 대출한 것이 아니라 혈연관계가 없는 5명이 한 조를 이뤄 그 가운데 일단 2명이 대출을 받으면 나머지 3명은 대출자들이 상환한 액수 한도에서 돈을 빌릴 수 있는 독특한 대출규정을 마련하였다. 이른바 '대출자 간 상호지원' 전략을 활용하였다.

대출자가 제때 돈을 갚지 않거나 은행이 실시하는 훈련프로그램에 제대로 참여하지 않으면 다른 사람들이 돈을 빌리기 어렵게 하여 서로 신용을 담보하게 하였다. 신용을 개개인의 이익과 연계하고 다른 대출자들의 이익과도 연계해 신용을 철저히 관리하도록 하였다. 또한 심리적 측면에서 서로 어려울 때 도와야 하며 친구들보다 못나고 싶지 않다는 자존심과 존재의식을 상환과 연계하였다.

둘째, 대출을 무담보로 하고 5명씩 한 조를 구성하게 한 것은 은행의 고유 업무이자 많은 관리비를 발생하게 하는 대출심사업무를 폐지하여 대출심사를 가장 정확하게 할 수 있는 대출자에게 이를 전가하였다. 이를 통해 은행은 운영비절감을 도모할 수 있었으며 경영효율화를 극대화하였다.

셋째, 은행은 주 1회 정기모임을 의무화하고 대출자들이 지켜야 할 16계명을 만들어 대출자들에게 경제적 도움뿐만 아니라 인간다운 삶을 가르쳤다. 가난은 '돈'만으로 해결할 수 있는 문제가 아니기 때문에 장사와 돈관리 컨설팅과 함께 풍토병 예방법, 깨끗한 물을 마시는 법, 글 배우기 등 생활수준을 높이기 위한 다양한 교육도 병행하였다.

넷째, 은행 대출금의 2/3가 대출자들의 저축액을 바탕으로 하였기 때문에 대출자들을 은행의 주인으로 느끼게 하였다. 이로 인해 상환을 제때 하는 것이 결국 스스로에게 이익이 된다는 믿음을 갖도록 하였다.

다섯째, '빈곤의 문제는 바로 여성의 문제'로 보고 대출자를 선정할 때 여성을 우선으로 하였다. 전체 대출자 가운데 여성이 95%를 차지하였다.

여섯째, 대출금의 규모를 소액으로 하여 대출위험의 최소화와 함께 많은 사람들이 참여하는 사회운동으로 전파되는 효과도 기대하였다.

2. 인도 아라빈드 안과병원

1) 개요

다음으로 '돈 버는 자선'을 실제 구현하고 있는 인도의 아라빈드 안과병원(Aravind Eye Hospital)을 소개하고자 한다.

이 병원은 '닥터 V'로 불렸던 벤카타스와미(G. Venkataswamy)가 단돈 8만 원이 없어 시력을 잃는 가난한 사람들에게 수술비는 물론 입원·

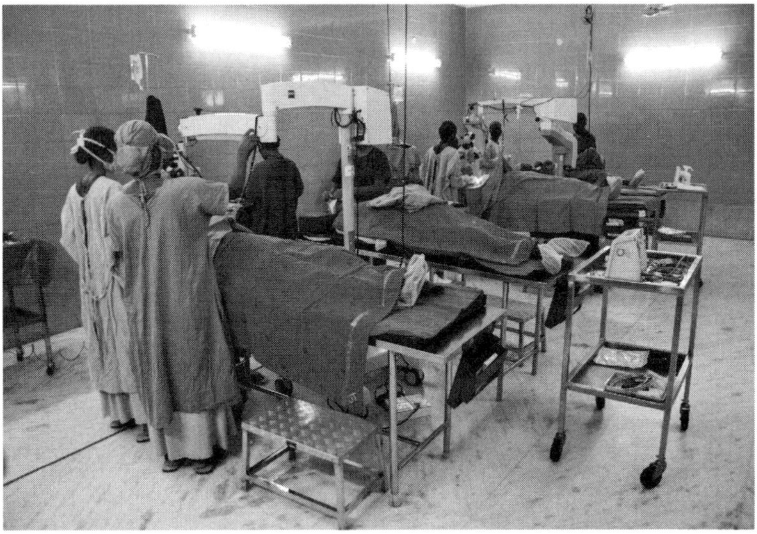

〈아라빈드 안과병원의 맥도널드식 수술장면〉
출처: Cassandra Thiel, PhD

식사·교통비까지 완전 무료로 제공하기 위해 1976년 인도 남부의 작은 도시 마두라이 외곽에 지은 병원이다.

60% 환자에게 무료로 수술을 해주면서도 아라빈드 안과병원은 매년 40%가 넘는 수익률을 보이고 있다. 설립 초기 11개 병상으로 시작하여 30여 년 만에 5개 병원과 교육시설·연구센터 등을 갖추고 120여 명의 의사가 매일 7,300여 명의 환자를 진료하고, 850여 명을 수술하는 세계 최대의 안과병원이 됐다. 또한 인도에서만 150개 병원이 아라빈드의 경영 방식을 배우고 있으며, 아프리카·중동·서남아시아 등 세계 30개 나라도 아라빈드 따라 하기가 한창이다.

그렇다면 '수익을 낼 수 없다면 자선 활동도 불가능하다'는 모토 아래 자선 활동을 수익과 결부시킨 아라빈드의 '경영'은 무엇이었을까?

2) 경영 찾기

아라빈드 안과병원의 고유목적은 가난한 환자에게 백내장 수술과 같은 안과 질환치료를 무상으로 제공하는 것으로 이를 위해 다음과 같은 경영을 창조하였다.

먼저 벤카타스와미는 의료서비스의 표준화와 분업화를 통한 대량 생산과 원가절감만이 이를 가능하게 할 것으로 보고, 햄버거 체인점 맥도날드에서 힌트를 얻어 컨베이어 같은 진료시스템을 도입하였다. 환자가 병원을 찾아 접수를 하고, 시력·안압·혈압 등 각종 검사, 사전 상담, 의사 처방을 받아 귀가할 때까지 모든 진료 과정을 철저히 분업화하여였다. 최종 진단을 제외한 단순 반복 작업은 인건비가 저렴한 고졸 여성을 채용하여 내부에서 2년간 교육시켜 활용하며, 의사들은 순수 진료에만 집중해 비용의 거품을 없앴고 시간 손실을 최소화했다. 또한 수술실도 4개의 수술 침대에 1명의 의사와 4명 이상의 간호사로 구성된 두세 조가 동시에 수술에 참여하게 하였으며 수술을 마친 의사는 곧바로 의자를 돌려 옆 수술대에서 대기 중인 다른 환자의 수술에 들어갔다. 수술을 끝내면 간호사가 나머지 처치를 담당하였으며, 수술을 마친 환자는 수술실을 나서고 또 다른 환자가 수술대에 누워 대기했다. 의사가 한 명의 환자를 수술하는 데 5분이 채 걸리지 않았으며, 수술에서 퇴원까지 다른 병원에서 1주일 걸리는 것을 하루 이틀로 최소화하였다. 이는 수술프로세스의 단축뿐 아니라 의사 1인당 수술건수를 세계 최고수준으로 끌어올려 수술의 품질도 세계 수준으로 향상시켰다.

둘째, 치료비 지급능력이 있는 자에 의한 '무상진료의 재정적 지원'이라는 새로운 진료비 지출체계를 개발하였다. 아주 가난한 환자에게는 수술비·입원·식사·교통비까지 완전 무료로 제공하고 가난한 환자에게는 무료로 수술하였으며, 다소 형편이 나은 수술 환자에게는 15달러의 약값만 지급하도록 하였다. 물론 부유한 환자는 전액을 지급하게 하였다. 아라빈드는 환자가 부유한지 가난한지를 확인하지 않는다고 한다. 그저 아라빈드의 자선적 취지에 공감하여 지급능력을 갖춘 사람들은 스스로 진료비를 지급한다고 한다. 비영리 정신이 여기에 있다.

셋째, 백내장 수술은 환자 눈에서 혼탁해진 수정체를 잘게 부수고 흡착기로 빨아낸 뒤 인공수정체(IOL)를 넣는 수술로, 1990년대 초반 외국업체의 IOL 가격은 200~300달러에 달했다. 1992년 벤카타스와미는 같은 종류의 렌즈를 직접 제작할 수 있는 오로랩(Aurolab)을 설립하여 값싼 인력, 대량생산체제 및 폭넓은 수요층을 이용해 개당 가격을 4~5달러까지 끌어내렸다. 이를 통해 아라빈드 안과병원에서 백내장 수술에 드는 비용은 105달러 정도로 미국의 30분의 1 수준이다. 오로랩은 2006년 560만 달러 매출에 260만 달러의 수익을 올려 46%의 영업이익률을 달성하였다.

3. 경주 최부잣집

1) 개요

흔히 부를 이어감의 어려움을 빗대어 '부자가 3대를 넘기기 힘들다'고 한다. 그러나 경주 교동의 최부잣집은 1600년대 초반부터 1900년대 중반까지 무려 12대, 300년 동안 부를 누린 집안으로 널리 알려져 있다. 언뜻 생각하기에 300년이란 기간은 국가와 기업에 있어서도 지속적 성장이 어려운 기간임에도 불구하고 일개 가계의 기록이라 하기에는 더욱 어려움이 있었을 것이라 보인다. 특히, 6·25전쟁 등 가진 자에 대한 공격이 극에 달하였을 때에도 소작농들이 가문을 지켜 주었다고 하는 일화와, 일제강점기에 백산상회를 세워 독립운동 자금을 지원하고 1950년에는 영남대 전신인 '대구대학'을 세워 전 재산을 사회에 환원함으로써 부의 세습을 아름답게 마무리 한 점 등은 높게 평가할 만하다.

이 사례의 핵심은 그 오랜 기간에도 있지만, 그 기간에 취해왔던 최부잣집의 핵심가치 및 가계경영전략이 노블레스 오블리주(noblesse oblige)의 실천에 있었다는 점이다.

그렇다면 경주 최부잣집이 12대에 걸쳐 부를 이어갈 수 있게 한 가계경영은 과연 무엇이었을까?

2) 경영 찾기

최부잣집의 고유목적을 '정승처럼 벌어 정승처럼 쓰자'라고 명명해 보자. 최부잣집은 이를 효과적으로 실현하기 위해 다음과 같은 집안의 핵심가치인 가훈을 만들어 대대로 전승시켰다고 한다. 그 가계경영의 주요 내용을 요약하면 다음과 같다.

첫째, 과거를 보되 진사 이상의 벼슬은 하지 말게 하였다. 학문은 숭상하여 명예직인 9명의 진사를 배출하였지만 정치를 멀리하고 권력을 탐하지 못하게 경계함으로써 권력의 소용돌이에서 한발 물러서 있게 하였다. 소위 부분최적화가 아닌 전체최적화에 입각한 의사결정이라 하겠다.

둘째, 만석 이상의 재산은 사회에 환원하게 하였다. 만석 이상의 재산은 소작인들에게 소작료를 감면해주거나 어려운 사람을 구제하는 등 사회에 환원하였다. 소작인들은 최부잣집의 논이 늘어나면 그만큼 소작료가 떨어지기 때문에 자기 일처럼 기뻐했다 하니 그들과

한배를 타고 있음을 느끼게 하였다. 이로 인해 주위로부터 인심을 얻은 탓에 숱한 변란 속에서도 그 재산을 오랫동안 유지할 수 있었다.

셋째, 흉년기에는 남의 논밭을 매입하지 말게 하였다. 흉년 때 먹을 것이 없어 남들이 싼값에 내놓은 논밭을 사서 그들을 원통케 해서는 안 된다고 가르쳤다.

넷째, 과객을 후하게 대접하게 하였다. 1년 소작 수입의 1/3을 손님 접대에 활용하였고, 손님이 떠날 때면 과메기 두 마리와 하루분의 양식을 주어 보냈다고 한다.

다섯째, 주변 100리 안에 굶어죽는 사람이 없게 하였다. 특히 흉년에는 양식을 풀어 더욱 깊게 사회적 책임을 다하도록 하였다.

여섯째, 시집온 며느리들은 하인들과 같이 3년간 무명옷을 입게 하였다. 스스로 어려움을 알게 하여 다른 사람의 고통을 헤아릴 수 있게 하였다.

이렇게 스스로에 대해서는 엄격하였으며 남에게는 후한, 전형적인 외유내강의 모습을 보여주었다. 특히 전 재산을 교육사업에 희사함으로써 300년의 전통을 마무리하였다.

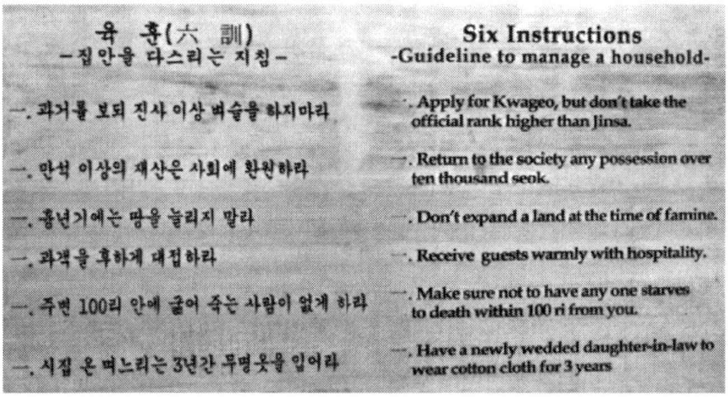
육 훈(六 訓)
-집안을 다스리는 지침-

一. 과거를 보되 진사 이상 벼슬을 하지마라
一. 만석 이상의 재산은 사회에 환원하라
一. 흉년기에는 땅을 늘리지 말라
一. 과객을 후하게 대접하라
一. 주변 100리 안에 굶어 죽는 사람이 없게 하라
一. 시집 온 며느리는 3년간 무명옷을 입어라

Six Instructions
-Guideline to manage a household-

一. Apply for Kwageo, but don't take the official rank higher than Jinsa.
一. Return to the society any possession over ten thousand seok.
一. Don't expand a land at the time of famine.
一. Receive guests warmly with hospitality.
一. Make sure not to have any one starves to death within 100 ri from you.
一. Have a newly wedded daughter-in-law to wear cotton cloth for 3 years

〈경주 최부잣집 6훈〉

04 성공적인 임팩트 비즈니스의 사례

1. ECO-BANA

닭의 깃털, 흙, 양탄자 조각. 직관적으로 봤을 때 위생과는 거리가 먼 소재들이다. 그러나 아프리카 케냐의 나이로비에 위치한 투르카나 지역에서 생계를 어렵게 이어가는 여성과 청소년들에게는 이러한 소재들이 생리대와 같은 위생용품의 대체재로 사용되고 있다. 이는 단순한 선택의 문제가 아니라, 적절한 위생용품을 구매하기에는 가격적 접근성이 현저히 낮기 때문에 벌어지는 일이다.

이른바 '월경 빈곤'이라 불리는 이 문제는 월경 기간 위생용품을 구입할 경제적 여건이 되지 않는 상태를 말하며, 이는 투르카나 지역의 여성들뿐 아니라 전 세계 최소 5억 명의 여성이 직면한 문제로 추정되고 있다. 이 문제는 우리나라를 포함한 전 세계에 걸쳐 여성의 건강과 삶의 질을 심각하게 저해하는 사회적 이슈로 자리 잡고 있다.

ECO-BANA는 '월경 빈곤' 문제를 해결하기 위해 도전한 대학생 팀이다. 이 팀은 케냐 세인트폴 대학(St. Paul's University)의 학생들로 구성되어 있으며, 그들의 여정은 2020년 투르카나 지역의 전 교육부 장관이 발표한 내용에서 시작되었다. 당시 발표에 따르면, 한 여성 청년 그룹이 위생용품 부족으로 인해 국가시험에 참여하기 어려운 상황에 처해 있다는 사실이 알려졌다.[6]

공동 창업자이자 CEO인 레녹스 오몬디(Lennox Omondi)는 이 발표를 듣고, 이 문제가 단순히 위생의 문제가 아니라 투르카나 지역 여성들의 인권을 심각하게 훼손하며, 나아가 세대 간 빈곤의 악순환을 초래

6 ecobana, https://www.ecobana.co.ke/

하는 원인 중 하나라고 확신했다. 이러한 믿음과 책임감에서 ECO-BANA의 도전은 시작되었다.

문제 해결의 필요성에 깊이 공감한 ECO-BANA 팀은 문제를 직접 겪고 있는 당사자들을 만나며 여정을 시작했다. 도전을 시작한 첫해, 팀은 최소 기능 제품(MVP, Minimum Viable Product)을 개발하여 여성들과 여성 청소년들로부터 피드백을 받아 제품을 발전시키기 시작했다. 이 과정에서 팀은 투르카나 지역에서 특산물로 재배되고 널리 소비되는 바나나 나무에서 섬유질을 추출할 수 있다는 사실을 발견했다. 이러한 소재는 기존 플라스틱 섬유로 제작된 위생용품(0.84 USD)에 비해 훨씬 저렴한 비용(0.46 USD)으로 제작 가능할 뿐만 아니라, 생분해가 가능한 친환경 소재로서 사람과 지역사회 생태계의 지속가능성을 보장하는 제품으로 진화했다.

현재 ECO-BANA는 어떤 도전을 이어가고 있을까? 위생용품을 필

〈ECO-BANA의 bio-degradable sanitary pads〉
출처: x.com, @ecobanalimited

요로 하는 여성들의 문제를 해결하기 위한 솔루션 개발에서 출발한 이들은 이제 대량생산이 가능한 공장을 설립하며 다양한 이해관계자들로부터 제품의 우수성을 인정받고 있다. ECO-BANA의 도전은 단순히 위생용품 제작에 그치지 않는다. 이들은 월경 빈곤 문제를 종식시키기 위해 여성 건강 교육과 캠페인을 펼치고 있으며, 지역 내 여성들에게 일자리를 제공함으로써 경제적 독립성을 지원하고 있다. 이를 통해 지역사회의 지속가능한 성장 구조를 강화하는 사회적 기업으로 자리 잡아가고 있다.

2. BuuPass

2016년, 클린턴 글로벌 이니셔티브 센터에서 '교통수단을 통한 기회로의 접근성' 문제를 해결하겠다고 나선 대학생 팀이 있었다. 이들이 설정한 정량적 목표는 지역사회 구성원의 경제적 성장을 두 배로 이루어내는 것이었다. 처음엔 불가능해 보이는 목표로 들릴 수 있었지만, 2024년 현재 이 팀은 'Life Without Borders'라는 슬로건 아래 케냐의 버스, 기차, 비행기, 호텔 예약을 담당하는 기업으로 성장했다.

그렇다면 이들의 여정은 어디서부터 시작되었을까? '지역사회 구성원의 경제적 성장을 두 배로 이루어내기'라는 거대한 목표를 실현하기 위해 팀이 처음 찾아간 곳은 버스 정류장이었다. 우리나라처럼 버스 정류장은 생계를 위해 매일 아침 출근하는 직장인들의 여정이 시작되는 곳이다. 그러나 팀이 현장에서 마주한 첫 장면은 멈춰 있는 버스였다. 언뜻 보기에 버스에는 손님들이 타고 있었지만, 버스 기사는 쉽게 출발할 생각을 하지 않았다.

서울이나 뉴욕의 버스 정류장을 떠올려보자. 전광판에는 버스 도착 시간이 표시되고, 모든 버스는 정해진 규칙에 따라 승객을 태우고 목적지로 이동한다. 승객은 정시에 버스 정류장에 도착해 직장이나 약속 장소로 제시간에 갈 수 있다. 그러나 케냐의 버스 정류장은 대부분의 버스가 불규칙적으로 움직이는 상황이다.

이러한 현상은 승객들에게는 매우 불편할 뿐만 아니라, 업무에 치명적인 영향을 미칠 수 있다. 버스 기사도 마찬가지이다. 기사들은 승객을 태우고 먼 거리를 이동해야 하지만, 지속적으로 일을 하기 위해서는 최소한 손익분기점을 넘기는 숫자의 승객을 확보해야 한다. 그러나 버스 출발 시간이 불규칙적이고 지연될수록 승객과 기사 모두 손해를 볼 수밖에 없는 구조이다.

BuuPass 팀은 고객과 버스 기사 간의 정보 불균형이 이러한 현상을 반복적으로 발생시키는 원인이라고 문제를 정의했다. 이들은 고객과 기사가 겪는 어려움을 해결하기 위해 다양한 자원을 결합해 모바일로 버스 티켓을 구매하고 예약할 수 있는 서비스를 개발했다. 특

〈케냐 나이로비의 마타투 버스와 출근 풍경〉
출처: Syrus Neilson/Shutterstock

히, 지역 특성상 인터넷 인프라가 원활히 작동하지 않는 경우가 많다는 점을 고려해, 기존에 널리 사용되고 있던 몇 가지 모바일 서비스를 통합하여 솔루션을 구축했다.

승객의 관점에서 이 솔루션을 살펴보자. 예를 들어, 다음 날 오전 8시까지 직장으로 가야 하는 상황이라면, 승객은 BuuPass 팀이 제공한 번호로 메시지를 보내 원하는 버스 정보를 요청한다. 그러면 예약 가능한 버스 정보를 담은 답장을 받게 되며, 이 중 원하는 버스를 선택해 답장을 보내고 모바일 결제를 완료하면 버스 티켓 예약이 확정된다. 참고로 아프리카에서는 모바일을 활용한 선불 결제 시스템이 발달해 있어 이러한 방식이 효과적으로 작동한다.

우리에게는 익숙한 서비스로 보이고, 한편으로는 단순해 보일 수 있는 BuuPass의 솔루션이 케냐 직장인들의 삶에 어떤 변화를 가져왔을까? 이제 직장인들은 불규칙한 버스 시간표에 자신의 일상을 맡기지 않아도 된다. 정해진 시간에 정류장에 도착해, 정해진 시간에 직장에 도착할 수 있게 되었다. 성실히 일하고자 하는 마음이 있어도 직장에 제시간에 도착하기 어려운 상황 때문에 실업의 위기에 처했던 이들은 이제 시간을 조율하며 스스로 삶을 설계할 수 있는 환경을 갖추게 되었다. 길에서 낭비되던 시간이 사라지자 새로운 가치를 창출할 기회가 열리기 시작했다.

버스 기사들에게도 변화는 크게 다가왔다. 이들은 승객들의 불만과 예측하기 어려운 수익에 대한 불안에서 벗어나 안정적인 수익을 확보할 수 있게 되었으며, 동시에 더 높은 수익을 창출할 기회를 얻었다.[7]

---

7 BuuPass(formerly Magic Bus) Hult Prize Winner 2016 Pitch, published by BuuPass, https://www.youtube.com/watch?v=XvJzjnpqMSk&t=306s

문제를 겪는 고객의 상황에 공감하고, 그 문제 속에서 기회를 발견한 BuuPass는 현재 9백만 장 이상의 티켓이 판매될 정도로 성장한 서비스로 자리 잡았다.[8] 이는 지역사회 구성원들의 일상에 실질적인 변화를 이끌어낸 대표적인 사례라고 할 수 있다.

8 BuuPass, https://buupass.com/

Chapter 6

기업가 정신과 비즈니스 모델

01 사회적 기업가와 기업가 정신

1. 사회적 기업가

우리 사회는 앞서 살펴본 창업가를 사회적 기업가(social entrepreneur)라 부른다. 이들은 자신이 발견한 기회에 강한 동기를 부여받아 창의적 아이디어를 실현하고, 이를 통해 비전을 이루어나가는 기업가정신을 지닌 사람들이다. 스탠퍼드 대학에서 발간하는 저명한 사회혁신 학술지 스탠퍼드 비즈니스 리뷰의 2007년 봄호에 실린 "Social Entrepreneurship: The Case for Definition"은 사회적 기업가의 본질과 특징을 깊이 탐구하며, 그들을 정의하는 핵심 요소를 제시한다. 아티클에 따르면, 사회적 기업가는 기존의 비효율적이거나 불공정한 시스템을 인식하고, 이를 바꾸기 위한 창의적이고 지속가능한 해결책을 제시하며, 그 과정을 통해 사회 전체에 변화를 가져오는 사람들로

묘사된다. 이 아티클은 사회적 기업가정신을 다음 세 가지 요소로 정의한다.[1]

1. 재정적 수단이나 정치적 영향력이 부족하여 스스로 변화를 이끌어낼 수 없는 사회 구성원이 배제되고, 소외되며, 고통받게 만드는 본질적으로 불공정하지만 안정된 균형 상태를 식별하는 것.
2. 이러한 불공정한 균형 상태에서 기회를 발견하고, 사회적 가치를 제안하며, 영감, 창의성, 직접적 행동, 용기, 끈기를 발휘하여 기존의 안정된 상태의 지배력을 도전하는 것.
3. 억압된 잠재력을 해방하거나 대상 집단의 고통을 완화하는 새로운 안정된 균형을 구축하고, 이 균형 주위에 안정적인 생태계를 창출하며 이를 모방함으로써 대상 집단과 더 나아가 사회 전체의 더 나은 미래를 보장하는 것.

정의를 요약하자면, 사회적 기업가는 안정적이지만 본질적으로 불공정한 균형 상태에서 불편함을 인지하고, 경제적 능력과 정치적 영향력이 부족하여 소외되거나 배제되어 고통받는 사람들을 위해 창의적이고 지속가능한 솔루션을 제시하며, 궁극적으로 더 나은 사회 변화를 이끌어내는 역할을 한다고 정의할 수 있다.

나아가, 이 아티클은 사회적 기업가를 제대로 이해하려면 먼저 '기업가'의 의미를 명확히 정의하는 것이 필요하다고 강조한다. 이는 기업가의 본질을 이해함으로써, 사회적 기업가가 어떻게 기존의 시스템

1 Martin, Roger L., and Sally Osberg. "Social Entrepreneurship: The Case for Definition." Stanford Social Innovation Review, Spring 2007.

을 변화시키고 새로운 균형을 구축하는지를 더욱 잘 파악할 수 있게 한다. 아티클의 내용을 조금 더 자세히 살펴보자.

2. 사회적 기업가 정신

우리는 평소 기업가를 어떻게 인지하고 있을까? 개인의 고유한 경험과 관점에 따라 다를 수 있겠지만, 한국에서 흔히 사용하는 '창업가' 혹은 '기업가'를 뜻하는 영단어 Entrepreneur의 어원을 살펴보며 그 의미를 이해해보자.

Entrepreneur는 프랑스어 Entreprendre에서 유래되었으며, 이는 '착수하다', '시도하다', 또는 '무언가를 떠맡는 사람'을 뜻한다. 프랑스의 경제학자 장 바티스트 세이(Jean-Baptiste Say)는 이 단어를 활용해, 낮은 생산성을 가진 경제 자원을 더 높은 생산성을 가진 영역으로 전환시켜 사업을 일으키는 사람을 지칭하기 위해 '기업가'라는 표현을 처음 사용했다고 한다.

이러한 어원적 이해는 기업가가 단순히 사업을 운영하는 사람을 넘어, 자원을 새롭게 배치하고 혁신을 통해 새로운 가치를 창출하는 핵심 역할을 한다는 점을 시사한다. 우리는 기업가정신을 일반적으로 경제적 이익 창출과 연결짓곤 하지만, 이는 기업가정신의 본질을 단순화하는 접근일 수 있다. 기업가는 비효율적이고 불공정한 상태에서 새로운 기회를 발견하고 이를 해결할 혁신적인 방안을 제시하는 사람으로 정의할 수 있다. 그들은 개인의 창의성과 끈기를 바탕으로 기존의 균형을 깨뜨리고, 사회와 시장에 근본적인 변화를 가져온다.

예를 들어, 피에르 오미다이어는 자신의 여자 친구가 겪었던 불편함에서 영감을 받아 eBay라는 플랫폼을 개발했다. 스티브 잡스와 스티브 워즈니악은 메인프레임 컴퓨터의 한계를 인식하고, 개인용 컴퓨터를 발명해 사용자들에게 자유를 제공했다. 앤 무어는 육아의 어려움 속에서 부모들을 위한 창의적인 해결책인 스누글리를 선보였고, 프레드 스미스는 수많은 위험을 감수하며 물류 서비스의 새로운 표준을 만든 페덱스를 설립했다.

이 모든 사례는 기업가정신이 단순히 제품 개발이나 시장 창출에 그치지 않고, 기존의 불합리한 상태를 개선하며 더 나은 미래를 구축하는 데 중심적인 역할을 한다는 점을 보여준다. 기업가는 문제를 해결하기 위해 직접적인 행동을 취하고, 창의적인 아이디어를 실현하며, 실패와 위험을 감수하면서도 끈기를 발휘해 시장에 혁신을 정착시킨다.[2]

ECO-BANA와 BuuPass의 사례는 기업가정신의 핵심 요소인 기업가적 맥락을 명확히 보여준다. ECO-BANA는 케냐 투르카나 지역의 여성 청소년들이 겪는 위생용품 부족 문제를, BuuPass는 나이로비에서 대중교통을 이용해 출퇴근하는 직장인들이 겪는 불규칙적인 교통 시스템의 문제를 깊이 관찰하고 공감했다. 이 두 기업가 집단은 안정된 균형에서 발견되는 불편함을 인지했고, 이 불편함이 곧 문제를 겪는 당사자들에게 필요한 가치를 제안할 수 있는 기회임을 깨달았다.

그들은 이러한 기회를 바탕으로 문제 해결에 즉각 도전했으며, 기존의 균형을 깨고 혁신을 통해 새로운 균형과 생태계를 만들어냈다. ECO-BANA는 지속가능한 생분해성 위생용품을 통해 여성 청소년들의 삶의 질을 향상시켰고, BuuPass는 교통 시스템의 효율성을 높여 직장인들에게 시간의 가치를 되돌려주었다. 이러한 과정에서 기존의

2 Martin, Roger L., and Sally Osberg. "Social Entrepreneurship: The Case for Definition." Stanford Social Innovation Review, Spring 2007.

공급자, 소비자, 판매자 등 이해관계자들은 단순한 거래 관계를 넘어 공동체의 문제 해결과 경제적 성장을 위한 새로운 관계로 재구성되었다.

사회적기업가정신은 본질적으로 기업가정신의 한 종류로서, 기존의 정의된 기업가정신 요소를 모두 포함한다. 그러나 사회적기업가가 제안하는 가치는 시장에서 소외된 사람들, 즉 스스로의 힘으로 편익을 창출할 자원이나 기회가 부족한 집단을 대상으로 한다는 점에서 차별화된다. 이러한 타겟에 대한 가치 제안은 사회적 문제의 해결에 초점이 맞춰져 있으며, 이는 사회적기업가정신의 특징을 이루는 요소이다.

예를 들어, ECO-BANA는 케냐 투르카나 지역의 여성 청소년들이 겪는 위생용품 부족 문제를 해결하며, 스스로 해결할 수 없는 환경에 놓인 집단을 위한 지속가능한 해결책을 제안했다. BuuPass는 나이로비의 대중교통 문제를 혁신적으로 해결하며, 직장인들에게 새로운 균형과 삶의 가치를 제공했다. 이 두 사례는 사회적 기업가가 단순히 사회적 가치를 창출하는 데 그치지 않고, 기업가정신의 본질적인 요소들을 어떻게 활용하는지를 보여준다.

결론적으로, 사회적기업가정신은 기업가정신의 연장선에 있으며, 동기와 접근 방식에서 차별화되는 점은 있지만, 근본적으로는 문제를 해결하고 새로운 균형을 창출하려는 변혁적 정신에 뿌리를 두고 있다. 이는 우리가 기업가정신을 이해할 때, 기업가와 사회적기업가의 차이점뿐만 아니라 이들의 공통점을 함께 살펴봐야 하는 이유를 잘 설명해준다.

02 비즈니스 모델

1. 비즈니스 캔버스

1) 개요

사회적 경영 또한 구체적인 비즈니스 모델이 구현되어야 하며, 이를 구현하는 과정을 통해 경영을 학습하게 된다.

최근 오스터왈더(A. Osterwalder)와 피그누어(Y. Pigneur)는 비즈니스모델을 보다 간단·명료하게 전달하기 위해 다음과 같이 9가지 빌딩블록으로 구성된 '비즈니스 모델 캔버스'를 소개하였다.[3] 이는 아이디어를 구체화시키는 브레인스토밍 과정에도 유용하며, 팀원들과 논의를 거쳐 비즈니스 모델을 수립하는 과정에서도 원활한 의사소통이 가능하게 하는 유용한 도구로 활용되고 있다.

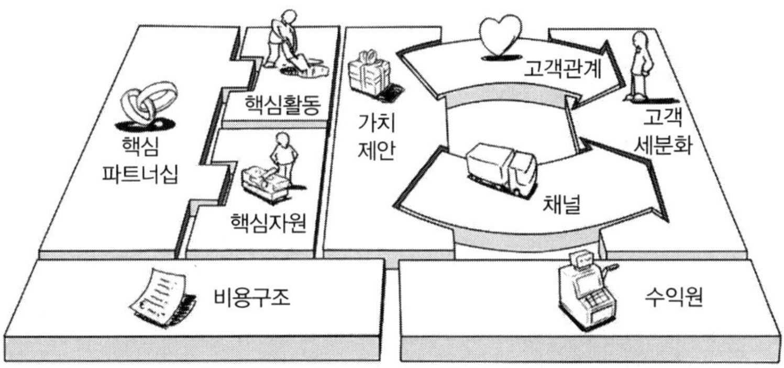

〈비즈니스 모델 캔버스 양식〉
출처: Alexander Osterwalder, Wiley 2012, CC BY-SA 3.0

3 A. Osterwalder and Y. Pigneur (2010) 참조.

2) 구성 요소

(1) 가치제안

가치제안(value proposition)이란 고객의 니즈를 충족시키기 위한 제품이나 서비스의 제공을 뜻한다. 즉, 소셜비즈니스에 있어서 가치제안이란 '직면하고 있는 사회적 문제를 해결하기 위해 우리는 무엇을 할 수 있는가'이다. 이는 곧 일반적인 고객을 포함하여 취약계층 혹은 개선이 필요한 사회 문제의 해결에 기여할 수 있는 제품 또는 서비스가 될 것이다. 우리가 알고 있는 다양한 소셜비즈니스가 만들고 행하는 사업아이템에 해당하며 범세계적으로 보건, 교육, 경제개발, 지배구조, 농업 및 식량안전, 환경보전분야에 발생하고 있는 사회 문제를 해결하기 위한 혁신적인 아이디어 혹은 서비스들이 다양하게 시도되고 있다.

(2) 고객세분화

고객세분화(customer segmentation)는 우리의 고객이 누구인지를 정하는 것이다. 이는 마케팅의 기본적인 절차로서 고객군이 명확해야 그들에게 적합한 제품 및 서비스를 제안할 수 있다.

사회적 경제조직에서 고객은 주로 취약계층의 어려움이나 사회, 환경적 문제 그 자체가 될 수 있다. 기본적으로 본서에서 다루고 있는 소셜비즈니스는 일반적인 영리기업과는 달리 사회적 목적을 달성하기 위해 재정적으로는 자립이 가능한 수준으로 유지하기도 한다. 이러한 하이브리드 비즈니스 모델은 고객세분화에도 영향을 미쳐 수익을 창출시키는 일반적인 고객과 소셜비즈니스의 대상으로서 수혜를 받는 고객 등은 분류하여 고려할 필요가 있다. 아라빈드 안과병원이 대표적인 경우로 경제적 여유가 있는 개인은 자발적으로 병원비를 부담하며 그와 동시에 취약계층에 해당하는 환자는 심지어 병원비를 받지 않기도 한다.

(3) 채널

채널(channel)은 고객에게 이어지는 경로나 방식을 뜻한다. 일반적으로 유통, 물류를 의미하며 직·간접운영을 포함하여 온·오프라인 방식에 이르기까지 다양한 수준에서의 제품 및 서비스 전달 방식을 고안할 수 있다.

BoP 시장으로 일컬어지는 저소득국가에서 주로 유통망이나 지리적 한계를 극복하기 위한 채널관리는 매우 중요하다. 예를 들어, 넓고 험한 지역에 소수로 분포하고 있는 저소득층 인구에 대한 접근성을 효과적으로 확보하기 위해서 기존에 개척된 채널을 최대한 활용하는 방식이 우선적으로 고려되어야 한다.

(4) 고객관계

고객관계(customer relationship)는 특정 고객과 관계를 맺는 방식을 의미한다. 제품이나 서비스를 전달하는 방식을 뜻하는 채널과는 달리 고객을 확보, 유지하거나 판매를 촉진하는 일과 관련된 분야이다. 기본적으로 직원과 고객이 직접 대면하거나 시스템을 자동화함으로써 셀프서비스를 구축할 수도 있다.

한편, 커뮤니티를 활성화시켜서 좀 더 밀접한 관계관리를 추구하거나 핵심 비즈니스 활동에 고객의 참여를 유도하는 방식도 고객관계에서 고려할 수 있는 사항이다. 고객의 참여로 비즈니스를 운영하는 방식은 대표적으로 그라민뱅크의 대출심사제도를 예로 들 수 있으며, 꼭 소셜비즈니스 차원이 아니어도 집단지성을 활용한 위키피디아

(Wikipedia)와 유투브(YouTube)를 참고할 수 있겠다.

(5) 수익원

수익원(revenue stream)은 말 그대로 비즈니스를 통해 수익을 창출하는 방법을 의미한다. 소셜비즈니스를 통한 제품 혹은 서비스 구매에서 수익이 발생하는데 앞서 밝혔듯이 수익성을 제고할 수도 있으며 재정적 자립을 위한 균형달성 측면으로 수익원을 관리할 수도 있을 것이다.

(6) 핵심자원

핵심자원(key resources)은 우리가 활용할 수 있거나 필요한 자원을 의미한다. 일반적으로 물적·인적·지적·재무적 자원을 고려한다.

모든 조직은 자원을 얼마나 효율적이고 효과적으로 조달하는지에 따른 영향을 지대하게 받지만 소셜비즈니스의 경우 그 중요성은 더욱 강조할 수밖에 없다. 수익성이 담보되기 어려운 영역에서의 비즈니스는 자원의 조달비용을 얼마나 혁신적으로 낮추면서 사회적 성과를 창출할 수 있느냐에 달려있다고 해도 과언이 아니다.

(7) 핵심활동

핵심활동(key activities)은 우리의 가치제안을 고객에 전달하기 위해 수행해야 할 일을 의미한다. 일반적으로 제품을 생산할 수 있고, 제품을 비롯한 서비스의 제공으로 사회적 문제를 해결할 수 있다.

한편, 직접적인 제품/서비스 개발이 아닌 플랫폼이나 네트워크를 조직화하는 방식으로도 비즈니스를 수행할 수 있다. 사례로는 미국에 본사를 두고 소셜비즈니스를 지원하며 생태계를 확장시키고 있는 B

Lab[4]이 있다. B Lab은 소셜비즈니스의 활성화를 위한 정책입안과, 성과평가를 통한 인증 활동 등을 수행한다. 이를 통해 비즈니스 주체들이 연결의 경제성을 확보하게 되면서 개별 활동에 비해 더욱 큰 사회적 성과를 창출하는 데 기여하고 있다.

(8) 핵심파트너십

핵심파트너십(key partnership)은 우리의 비즈니스를 원활히 운영하는 데 도움을 줄 수 있는 직·간접적인 네트워크를 의미한다. 이는 자원조달의 중요성에 버금가는 소셜비즈니스 핵심경쟁력이라 할 수 있다.

파트너십을 통해 자원조달의 효율성을 추구하며 동시에 리스크를 줄이는 데 용이하다. 파트너십은 소셜비즈니스의 영역을 떠나 모든 비즈니스의 수행에서 그 중요성이 커지고 있다. 따라서 위에 제시한 바와 같이 파트너십이 원활하게 일어날 수 있게 돕는 플랫폼 조직의 역할이 상당히 주목받고 있다.

(9) 비용구조

비용구조(cost structure)는 비즈니스를 수행하는 데 지급되는 비용을 의미한다. 일반적으로 비즈니스를 수행하는 데 있어 비용을 최소화하면서 수익극대화를 추구하게 된다. 그러나 경우에 따라 품질개선 등의 이슈에 대해서는 가치주도적인 비용구조를 구축할 수도 있다. 비용구조와 수익성의 균형은 소셜비즈니스를 일반적인 비즈니스와 구분짓는 중요한 기준 중의 하나이며 기업으로서 생존을 결정짓는 핵심적인 요소가 된다.

---

4 www.bcorporation.net

2. EFQM의 탁월성 모형

1) 개요

EFQM(the European Foundation for Quality Management)의 탁월성 모형(Excellence Model)은 유럽품질경영재단에서 고안한 조직경영품질의 평가 모형이다. 균형적인 조직성과평가를 기반으로 지속적인 개선을 할 수 있도록 9가지 요소와 그에 따른 세부평가기준을 제시하고 있다.

이와 관련된 대표적인 모형은 말콤 볼드리지 미국품질모형 등이 있으며, 다음과 같은 이유로 사회적 경영품질을 관리함에 도움이 된다. 먼저 보다 나은 사회적 경제조직으로 성장하기 위한 자문의 역할을 할 수 있으며, 둘째 성과 결과보다 인과관계로 인한 과정이 중시될 수 있을 뿐 아니라, 셋째 여타의 품질평가체계보다 고객, 종업원 만족 및 사회공헌을 강조할 수 있다는 점 등으로 인해 사회적 경제조직에 보다 적합하다 하겠다.

탁월성 모형은 제품이 생산 및 서비스될 때의 결과성과뿐만 아니라 자원이 투입되는 순간부터 조직 내·외부 요인을 포괄적으로 반영하고 있다. 9개의 기준은 5개의 원인 요소(enablers)와 4개의 결과 요소(result)로 구성된다. 원인 요소는 리더십을 기반으로 정책 및 전략을 수립하고 이에 따른 직원과 자원, 파트너십을 활용하여 프로세스를 구축하는 과정을 포함한다. 이를 통해 결과 요소에서는 고객, 직원, 사회성과를 비롯하여 종합적인 사업성과를 파악한다. 또한, 달성 정도에 따라 개선 요인을 피드백하여 원인 요소에 반영함으로써 조직학습과 경영혁신을 도모할 수 있는 근거를 제시해 주는 경영성과관리모델로서 그 의미가 크다.

이 모형이 제시하는 다음 9가지 요인과 세부적인 평가기준을 살펴보자.

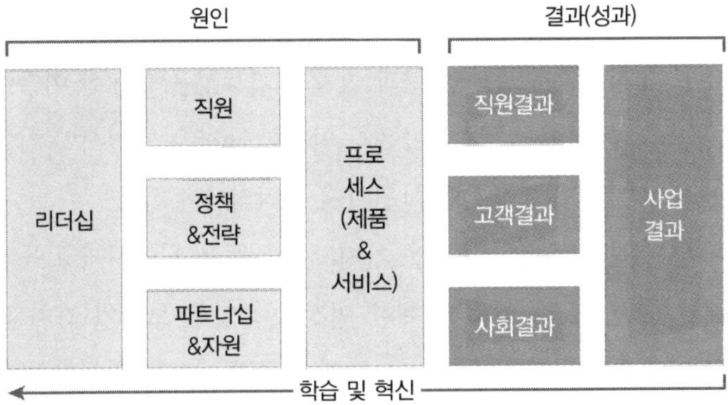

〈EFQM의 탁월성 모형 (Excellence Model)〉

2) 구성 요소

(1) 리더십

EFQM 모델은 리더십의 평가로부터 시작한다. 리더십은 조직미션과 비전의 달성을 위해 직원들을 끊임없이 독려하고 이끌어가는 역할을 해야 한다. 또한 환경의 변화에 따라 조직의 방향을 수정하고 구성원이 이에 따를 수 있도록 해야 한다. 이를 위해 아래와 같은 기준으로 리더십을 평가할 수 있다.

- 리더는 미션, 비전, 가치를 제시하고 우수한 조직모델을 구축하고 있는가?
- 리더는 조직경영시스템의 개발, 실행, 지속적 개선에 참여하고 있는가?
- 리더는 고객, 파트너 및 사회구성원들과 소통하고 있는가?
- 리더는 직원과 함께 우수한 조직문화를 추구하고 있는가?
- 리더는 조직의 변화를 인식하고 지지하고 있는가?

(2) 직원

우수한 조직은 직원들의 역량과 잠재적 가능성을 최대한 이끌어내고 성장시킬 수 있어야 한다. 아울러 이러한 성장은 개인적인 차원에서부터 개별부서 및 전사적인 차원까지 고려되어야 한다.

우수한 조직은 공정한 기준을 가지고 직원들을 참여시키고 동기부여시킨다. 또한 소통, 성과에 대한 인정과 적합한 보상의 가치를 중요하게 여김으로써 직원이 조직을 위해 능력과 지식을 최대한 발휘할 수 있게끔 한다. 이를 평가하기 위한 기준은 다음과 같다.

- 인사기획 및 관리 개선 활동을 하고 있는가?
- 직원역량의 평가, 개발, 유지가 이루어지고 있는가?
- 직원의 참여와 동기부여를 위한 노력을 하고 있는가?
- 공식적인 의사소통구조를 확보하고 있는가?
- 성과에 대한 인정과 적합한 보상이 이루어지고 있는가?

(3) 정책 및 전략

우수한 조직은 조직이 속한 영역에 속한 이해관계자를 고려하여 전략을 개발해야 한다. 정책 및 목표설정 또한 전략이 잘 이행될 수 있도록 수립되어야 한다. 구체적인 평가 요소는 다음과 같다.

- 정책 및 전략은 이해관계자들의 기대와 요구를 기반으로 수립되었는가?
- 정책 및 전략이 성과측정과 연구, 학습, 외부 활동 등으로부터 얻어진 정보를 근거로 수립되었는가?
- 정책 및 전략은 항상 검토되고 개선되고 있는가?

- 정책 및 전략은 절차에 맞게 수립되고 원활히 공유되고 있는가?

(4) 파트너십 및 자원

우수한 조직은 조직의 정책 및 전략, 효과적인 운영을 도모하기 위해서 조직 내·외부 자원을 기획하고 관리해야 한다. 또한 이 과정에서 조직을 비롯하여 지역사회, 환경을 고려한 균형적인 기획관리가 요구된다. 이에 대한 평가기준은 다음과 같다.

- 외부 이해관계자들을 지속적으로 관리하고 있는가?
- 재무상태를 지속적으로 점검하고 있는가?
- 시설 및 장비에 대한 관리가 지속적으로 이루어지고 있는가?
- 지식 및 정보를 체계적으로 관리하고 있는가?

(5) 프로세스

우수한 조직은 고객과 이해관계자들의 부가가치창출과 충분한 성과달성을 위해 업무프로세스를 설계하고 관리, 개선해야 한다. 이를 위해 다음 사항을 평가해야 한다.

- 프로세스는 전체적인 관점에서 설계되고 관리되고 있는가?
- 고객과 이해관계자의 부가가치를 창출하기 위해 프로세스를 개선하거나 필요 시 혁신을 추구하고 있는가?
- 제품 및 서비스는 고객의 필요와 요구에 근거하여 개발되고 있는가?
- 고객관계관리의 관리 및 증진 활동을 수행하고 있는가?

(6) 직원결과

우수한 조직은 직원가치를 존중하고 관련된 뛰어난 성과를 달성하며 관련된 성과를 포괄적으로 측정해야 한다. 평가기준은 다음과 같다.

- 직원만족과 관련된 성과를 정의하고 공유하고 있는가?
- 직원의 참여와 동기부여에 관한 측정 가능한 성과지표를 보유하고 있는가?
- 직원성과를 활용하여 조직시스템에 피드백을 제공하고 있는가?

(7) 고객결과

우수한 조직은 고객가치의 확보를 위해 뛰어난 성과를 달성하고 관련된 성과를 포괄적으로 측정해야 한다. 이를 위해 다음 사항을 평가해 볼 수 있다.

- 조직 고유의 고객성과를 정의하고 있는가?
- 고객만족에 관한 측정 가능한 성과지표를 보유하고 있는가?
- 고객만족도 제고를 위한 의사소통구조를 마련하고, 개선 활동을 수행하고 있는가?

(8) 사회결과

우수한 조직은 지속가능한 사회를 위해 사회, 환경적 영향을 고려하고 관련된 뛰어난 성과를 달성하며 이를 포괄적으로 측정해야 한다. 평가기준은 다음과 같다.

- 사회·환경적 성과를 정의하고 공유하고 있는가?

- 사회·환경적 성과를 파악하기 위해 측정 가능한 지표를 보유하고 있는가?
- 사회·환경적 성과를 기반으로 조직시스템에 피드백을 제공하고 있는가?

(9) 사업결과

사업결과는 재무적 성과를 포함하여 조직이 달성한 최종적인 성과를 의미한다. 정책 및 전략에 근거하여 평가, 검토된 성과 요소는 그 달성 정도에 따라 피드백 과정을 통해 조직이 학습과 혁신을 추구할 근거로 활용된다. 평가기준은 다음과 같다.

- 조직의 정책 및 전략에 근거하여 사업성과를 달성했는가?
- 사업의 과정 및 결과를 측정, 평가하고 피드백하고 있는가?
- 우수한 사업모델의 개발과 공유를 위한 노력을 하고 있는가?

EFQM 모형에서 경영의 시작은 리더십에서 비롯됨을 강조한 점은 사회적 경영에 시사하는 바가 크다. 조직시스템이 정착되지 못하고 공유가치창출이라는 미지의 길을 가야하는 시점에서 리더의 중요성은 절대적이라 하겠다.

어떤 한 조직의 정신은 곧 그 경영자의 정신이고 조직의 목표와 성과는 경영자의 목표이자 성과이다. 그러한 측면에서 조직은 경영자의 고민을 먹고 사는 존재이기 때문에 경영자는 기업의 가장 값비싼 자원이라 할 수 있다. 이를 두고 드러커(P. Drucker)는 조직에서 경영자의 리더십이 없다면 모든 생산 요소는 결코 생산물이 될 수 없으며, 경영자의 자질과 능력이 조직의 생존과 성공 그 자체를 결정한다고 보았다.

경영자는 조직에서 거의 유일하게 현재와 미래를 동시에 살고 있는 존재이며, 또한 조직의 성공을 위해 다음과 같은 근원적인 문제에 대해 스스로 질문하고 스스로 답해야 하는 사람이기도 하다. 이를 의무로 받아들이는 자를 경영자라 한다.[5]

첫째, 우리가 하는 사업은 무엇인가?
둘째, 누가 고객인가?
셋째, 고객은 무엇을 구입하는가?
넷째, 고객이 가치있는 것으로 생각하는 것은 무엇인가?
다섯째, 앞으로 우리의 사업은 어떻게 될 것인가?
마지막으로, 우리의 사업은 무엇이어야만 하는가?

경영자는 다음과 같은 다섯 가지 기본 활동을 수행해야 한다.[6]

첫째, 경영자는 목표를 수립하여야 한다. 무엇이 목표가 되어야 하는지에 대해서부터 하위목표를 정하고 이를 부하들에게 전달하여야 한다.

둘째, 경영자는 조직을 만들어야 한다. 할 일을 분류하고 이를 관리 가능한 활동으로 구분한다. 이를 관리 가능한 직무로 분리하고 이들을 모아 조직구조를 만들며, 수행할 사람을 선발하여야 한다.

셋째, 경영자는 동기를 부여하고 커뮤니케이션을 하여야 한다. 수행할 팀을 구성하고 인센티브와 보상을 지급하며 승진을 실시하고 상하 간에 끊임없는 쌍방향 커뮤니케이션을 통해 실천하여야 한다.

넷째, 경영자는 성과를 평가 측정하여야 한다. 평가척도를 만들고

---

5 P. Drucker(이재규 역), 경영의 실제, 한국경제신문, 2006.
6 위의 책.

측정하여야 한다. 이 과정에서의 핵심은 개인이 직무를 수행하도록 자기통제를 도와주는 것이지 결코 지배하거나 벌을 주기 위함이 아님을 잊지 말아야 한다.

다섯째, 경영자는 부하를 육성하여야 한다. 최고의 성공조직은 신입직원을 성장시켜 수십년 후 자신의 조직의 최고경영자도 키워내는 조직이다.

03 비즈니스 디자인

1. 인간 중심 디자인

1) 개요

인간 중심 디자인(Human Centered Design)은 문제 해결을 위한 창의적이고 체계적인 접근 방식으로, 디자인의 대상이 되는 사람들로부터 시작해 그들의 요구를 충족시키는 맞춤형 해결책으로 마무리된다. 이는 대상과 깊은 공감을 형성하고, 다양한 아이디어를 생성하며, 프로토타입을 제작하고 공유하는 과정을 통해 혁신적인 해결책을 세상에 내놓는 데 중점을 둔다.[7]

2) 단계

인간 중심 디자인은 영감, 아이디어화, 실행이라는 세 가지 단계로 구성된다. 첫 번째 단계인 영감 단계에서는 디자인 대상의 삶 속으로 깊이 들어가 그들의 필요를 이해하고 학습한다. 아이디어화 단계에서

7 "Human-Centered Design," Design Kit by IDEO.org, https://www.designkit.org/human-centered-design.html.

는 학습한 내용을 정리하고, 디자인 기회를 식별하며, 이를 바탕으로 가능한 해결책을 프로토타입으로 만들어 본다. 마지막 단계인 실행 단계에서는 프로토타입을 실현해 최종 해결책을 개발하고 이를 시장에 도입한다.

인간 중심 디자인의 핵심은 항상 디자인 대상이 되는 사람들을 중심에 두는 것이다. 그들의 필요와 삶을 기반으로 해결책을 만들어내는 이 접근 방식은 성공적인 결과에 가까워지는 중요한 원동력이다. ECO-BANA와 BuuPass 사례를 통해 조금 더 자세히 살펴보자.

(1) 영감 단계: 대상을 관찰하고 공감하기

ECO-BANA와 BuuPass의 시작은 사회적 문제 속에서 어려움을 겪고 있는 사람들을 관찰하는 것에서 출발했다. 관찰을 통해 문제의 본질을 이해하고 공감하는 과정을 거쳤다. 그러나 우리는 종종 이 중요한 단계를 건너뛰고, 바로 솔루션 아이디어를 구상하려는 유혹에 빠지곤 한다. 이러한 접근은 대개 실패로 이어지는데, CB Insights의 조사(Why Startups Fail)에 따르면, 스타트업이 실패하는 가장 큰 이유는 시장 수요의 부재(No Market Need)이다.[8]

따라서 유혹에 이끌렸더라도 다시 관찰 단계로 돌아가야 한다. 고객이나 사용자가 직면한 문제와 상황을 살펴야만, 우리의 솔루션이 실제로 필요하고 유효한 가치를 제안할 수 있다.

(2) 아이디어화 단계: 시각화하기

관찰을 통해 얻은 다양한 자료를 토대로 문제를 고객의 관점에서 정의했다면, 이제 솔루션 아이디어의 출발점에 서 있다고 볼 수 있

8 CB Insights Research, The Top 12 Reasons Startups Fail, 2021

다. 그러나 아이디어가 고객들에게 의미를 가지려면, 물리적 형태를 갖춘 제작물이 필요하다. 이 과정이 바로 '프로토타이핑'이다. 프로토타이핑은 아이디어가 실제로 고객들에게 유효한 가치를 제공할 수 있는지 확인하기 위한 과정으로, 냅킨에 그리는 간단한 스케치나 짧은 문장으로 가치를 설명하는 형태로도 시작할 수 있다.

예를 들어, 아마존의 창업자 제프 베이조스는 회사의 가치창출 과정을 냅킨에 그려 '플라잉 휠'이라는 개념을 정립했다. 이처럼 프로토타이핑은 아이디어를 빠르게 공유하고(10~30초 이내), 피드백을 받으며 다음 단계를 논의하는 데 매우 효과적이다.

(3) 실행 단계: 테스트를 반복하기

솔루션이 완성되었다면 이제는 끊임없는 테스트의 시간이다. 우리가 가설로 만든 가치가 고객에게 전달되었을 때, 과연 유효한 의미를 창출할 수 있을까? 이 과정은 '적합성'과 '실현 가능성'을 발견하는 중

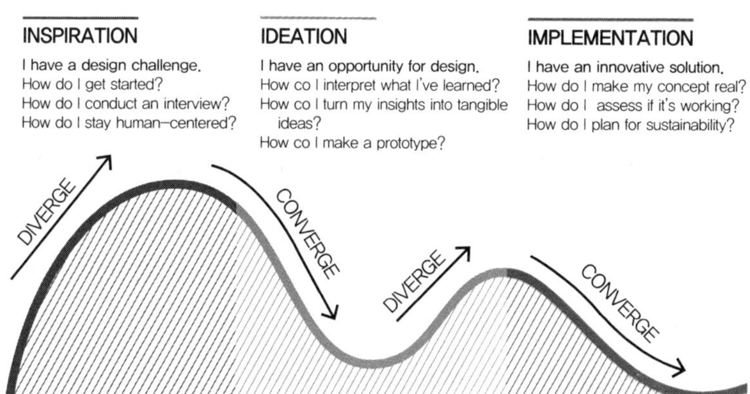

〈인간 중심 디자인(HCD)의 과정〉

요한 단계로, 비즈니스를 점차 견고하게 만든다. 테스트 결과, 가설과 다른 현실이 나타날 경우 새로운 가설을 세우기도 하고, 증명된 가설에 기반해 솔루션을 개선하기도 한다.

이 단계의 핵심은 완벽한 솔루션을 만드는 것이 아니다. 변화하는 상황과 맥락에 맞추어 유연하게 발전하며 고객의 진짜 필요를 반영하는 과정 자체가 중요하다.

2. 가치 제안 디자인

1) 개요

가치 제안 디자인(Value Proposition Design)은 비즈니스의 핵심이 되는 9가지 요소를 한눈에 파악할 수 있도록 설계된 비즈니스 모델 캔버스의 창안자인 알렉산더 오스터왈더(A. Osterwalder) 등이 개발한 프레임워크다. 이 프레임워크는 비즈니스 모델 캔버스의 가치 제안과 고객 요소를 시각적으로 구체화하여, 각 요소를 명확히 이해하고 분석하는 데 목적이 있다.

2) 활용 방법

가치 제안 디자인은 우리가 돕고자 하는 고객을 깊이 관찰하고, 그들의 요구와 특성을 파악하며, 우리가 제안하는 솔루션이 고객의 필요와 어떻게 교차하는지를 살펴보도록 돕는다. 이를 통해 솔루션이 고객에게 적합한지를 평가하고, 더욱 효과적인 가치 제안을 설계할 수 있다.

이 과정은 고객의 관점에서 문제를 정의하고, 솔루션의 적합성을 발견하며, 비즈니스의 성공 가능성을 높이는 데 중요한 도구가 되는

다음과 같은 2가지 종류의 총 6가지 블록으로 구성되어 있다.[9]

(1) 고객 프로필(Customer Profile)

고객이 중요하게 생각하는 과업(Jobs), 불만(Pains), 혜택(Gains)을 고객의 관점에서 이해하는 것은 가치 제안을 설계하기 위한 첫 번째 단계다. 캔버스의 오른쪽 부분에 해당한다. 여기서 활동이란 고객이 특정 환경에서 수행하는 일, 완수하려는 과업, 또는 문제를 해결하기 위해 시도하는 일을 뜻한다. 반면, 불만은 수행 활동을 방해하거나 고객이 겪고 싶지 않은 결과를 의미하며, 혜택은 고객이 원하는 결과 또는 긍정적인 변화를 뜻한다.

고객 과업(Jobs)

이는 고객이 수행하는 과업은 그들의 생활 속에서 이루어지는 일상적인 행동(Lifestyle)이나 해내려는 특정 목표(Things)를 의미한다. 이는 문제를 해결하거나, 만족을 얻고, 성취를 이루기 위해 시도하는 다양한 활동(Task, Activity)을 포함한다. 이러한 활동은 다음 세 가지 유형으로 구분할 수 있다.

1. 기능적인 활동(Functional): 고객이 구체적으로 수행해야 하는 작업이나 해결해야 할 과업을 뜻한다.
2. 사회적인 활동(Social): 고객이 사회에서 어떻게 인식되고 싶어 하는지를 반영한 활동으로, 사회적 이미지나 인정받고자 하는 욕구를 포함한다.

---

9 아래의 내용은 Value Proposition Design (Alexander Osterwalder 외, 2014)의 개념을 참고하여 요약한 것이다.

3. 감정적인 활동(Emotional): 고객이 추구하거나 갈망하는 특정한 감정 상태를 의미한다. 이는 마음의 평안, 만족감과 같은 감정적 필요를 포함한다.

고객 불만(Pains)

이는 그들이 수행하는 활동(Jobs) 전 과정에서 만족스럽지 못한 결과, 장애물(Obstacles), 싫어하는 요소, 위험부담, 또는 잠재적인 걱정을 의미한다. 이는 고객의 작업 수행을 방해하거나 작업 과정에서 스트레스와 불편함을 유발할 수 있는 요소들이다.

구체적으로 고객 불만을 파악할수록 문제를 정확히 이해하고 효과적인 해결책을 설계할 수 있다. 예를 들어, "줄 서서 기다리는 것은 시간 낭비다"라는 불편함은 더 구체적으로 "00분 이상 줄을 서는 건 시간 낭비다"로 정의할 수 있다. 이렇게 명확하게 정의된 불편함은 고객의 문제를 효과적으로 해결할 수 있는 기초가 된다.

고객 혜택(Gains)

이는 고객이 원하는 결과와 기대를 의미하며, 기능적, 감정적, 또는 예상치 못한 놀라운 이득까지 포함된다. 고객이 간절히 바라는 성과는 그들의 목표와 기대를 충족시키며, 긍정적인 경험을 제공하는 핵심 요소다.

이 혜택은 기본적으로 고객이 반드시 필요로 하는 요소를 충족하는 데서 출발한다. 고객이 도달하고자 하는 결과를 실현하거나, 기대하는 가치를 제공하는 것이 이에 해당한다. 또한, 단순히 기능적 이득에 그치지 않고, 고객이 경험을 통해 얻을 수 있는 감정적 가치를 포함한다. 때로는 고객이 열망하는 특별한 이득이나 예상치 못했지만

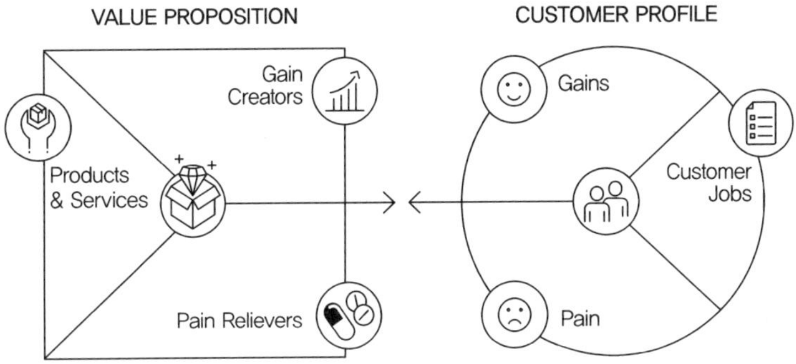

〈가치 제안 캔버스〉

만족을 극대화하는 놀라운 결과가 중요한 혜택으로 작용할 수 있다.

이처럼 고객 혜택을 깊이 이해하고 반영하는 것은 고객의 욕구를 충족시키는 데 필수적이다. 이를 통해 제품과 서비스는 고객의 삶에 가치를 더하며, 궁극적으로 고객 만족도를 극대화할 수 있다.

(2) 가치 맵

가치 맵(Value Map)은 고객 프로필(Customer Profile)에 대응하는 요소로, 고객의 활동(Jobs), 불만(Pains), 혜택(Gains)에 대해 우리가 제공할 수 있는 가치를 체계적으로 정의하는 도구다. 캔버스의 왼쪽 부분에 해당하며, 우리가 제안하는 솔루션이 고객의 필요를 어떻게 충족시키고 문제를 해결하며 긍정적인 변화를 창출할 수 있는지를 구체화하는 데 사용된다.

제품 및 서비스(Products & Services)

이는 고객의 활동(Jobs)을 지원하거나 문제를 해결하는 데 직접적으로 기여하는 제품, 서비스 또는 솔루션을 정의한다.

불만 해결책(Pain Relievers)

이는 고객의 불만(Pains)을 완화하거나 제거하는 데 도움을 주는 요소를 제시한다. 이는 고객이 직면한 장애물, 스트레스, 혹은 불편함을 해결하기 위한 구체적인 방안이다. 예를 들어, 자동화된 결제 시스템은 긴 대기 시간이라는 불만을 해결할 수 있다.

혜택 창출자(Gain Creators)

이는 고객이 기대하거나 열망하는 혜택(Gains)을 창출하거나 증대시키는 방법을 제안한다. 이는 고객에게 긍정적인 경험과 변화를 제공하는 핵심 가치다. 예를 들어, 맞춤형 추천 서비스는 고객의 기대를 넘어서는 혜택을 제공할 수 있다.

가치 맵을 작성하는 과정은 고객 프로필과의 연계성을 기반으로 이루어진다. 고객의 관점에서 시작된 통찰을 바탕으로, 우리가 제공하는 솔루션이 어떻게 고객의 필요를 충족시키고, 문제를 해결하며, 가치를 창출할 수 있는지를 명확히 정의하는 것이 중요하다.

가치 제안의 적합성은 고객에게 솔루션을 제안하기 전에 이를 시각화하고 검토하는 과정에서 시작된다. 이는 고객 프로필과 가치 맵을 통합하여 고객의 필요와 우리의 솔루션이 얼마나 잘 맞는지를 평가하는 핵심적인 과정이다. 고객의 활동, 불만, 혜택을 분석한 후, 우리가 제공하는 제품 및 서비스, 불만 해결책, 혜택 창출자와의 적합성을 연결하는 데 초점이 맞춰진다.

그러나 적합성은 단 한 번의 시도로 끝나는 것이 아니다. 고객과 시장의 요구는 지속적으로 변화하기 때문에, 이 과정을 반복적으로 수행하며 솔루션의 적합성을 검증하고 개선하는 것이 중요하다. 반복적인 테스트와 피드백을 통해 적합성을 확인하고 발전시키는 과정은 시장 환경에서 사업의 생존 가능성을 높이고, 고객에게 지속적인 가치를 제공하는 전략으로 이어진다.

린스타트업 방식은 이러한 적합성을 높이는 데 효과적인 접근법으로, 빠른 피드백과 지속적인 개선을 통해 시장의 요구와 고객의 필요에 맞춘 솔루션을 개발할 수 있게 한다. 밸류 프로포지션 캔버스를 활용하면 우리의 가치 제안을 시각화하고 이를 기반으로 비즈니스를 발전시킬 수 있다. 이 도구는 고객의 필요와 솔루션의 적합성을 구체적으로 파악하며, 비즈니스 성과를 극대화하는 데 유용한 전략적 도구로 작용한다.

PART 3
실천편

Chapter 7
사회적 금융

일반적으로 기업생태계에서 이윤추구에 초점이 맞추어진 금융시스템과 달리 사회적 가치를 우선적으로 추구하는 영역에 적합한 금융 시스템은 여전히 미흡한 상황이다. 이러한 필요에 의해 사회·환경적인 성과를 달성하고 공익의 가치를 추구하는 활동에 자본을 연계하는 사회적 금융[1]의 역할이 중요해지고 있다. 사회적 금융의 여러 영역 중 사회적 증권의 거래, 사회적 성과를 담보로 하는 채권발행, 불특정다수로부터의 자금유입을 가능케 하는 크라우드펀딩 등 주목할 만한 최근의 이슈들을 살펴봄으로써 사회적 금융의 새로운 기회들을 모색해 보자.

1 한국기업지배구조원, 임팩트투자 관련 글로벌 네트워크의 對정부 주요 권고 내용(CGS Report 4권 18호)

〈사회적 금융생태계〉

01 사회적 증권거래소

사회적 증권거래소(Social Stock Exchange: SSE)는 사회적 기업생태계의 활성화를 도모하기 위해 자본을 조달하는 역할을 중심으로 그 가능성을 주목받고 있다.

기본적으로 증권시장에 상장하는 것은, 기업으로서 투자를 받기가 원활해짐을 의미한다. 이를 위해 기업성과를 공시함으로써 객관적인 평가를 받아야 한다. 사회투자 관련 다양한 공공, 민간의 자금이 비교적 객관적인 정보를 토대로 사회적 기업에 투자할 수 있게 되면서 시장활성화를 기대해 볼 수 있다. 사회적 증권거래소를 플랫폼으로 투자자 및 펀드매니저들은 잠재된 성장가능성을 파악하고 적극적으로 참여하고 있다.

투자자들은 전통적인 거래소에서 영리기업을 대상으로 했듯이 일부 SSE에서 사회적 기업의 주식을 거래할 수 있다. 이는 사회적 기업 생태계 주체들에게는 새로운 기회임이 분명하다. 영국, 싱가포르, 남아프리카공화국, 브라질의 경우 현재 자체적으로 사회적 증권거래소를 운영하고 있으며, 다른 국가들에서도 점차 늘어날 전망이다. 주요 시장을 소개하면 다음과 같다.[2]

브라질은 2003년 세계 최초로 사회적 증권거래소인 BVS&A를 설립했다. 사회투자자 및 사회투자펀드를 자금이 필요한 사회적 기업이나 프로젝트에 연계하는 역할의 거래소에 해당한다. 프로젝트에 대한 투자성과는 회수 및 기부가 가능하다. 설립 이후 104개 사회적 프로젝트에 650만 달러를 모금하여 지원한 이후 2012년 기준으로 14개 프로젝트가 상장되어 자금을 조달받고 있다.

남아프리카공화국의 사회투자거래소(the South African Social Investment Exchange: SASIX)는 브라질의 거래소를 참고하여 세계에서 두 번째로 만들어진 사회적 증권거래소이다. 남아공의 장기적인 발전을 위해 잠재적 사회투자자를 발굴하고 12주간의 평가를 거쳐 기대수익이 큰 프로젝트를 선정하는 역할을 중심으로 2006년에 개장했다. 전통적인 주식거래소와 마찬가지로 운영된다. 온라인 웹사이트 등을 통하여 기업 및 프로젝트의 주식을 판매하고 이를 사회적 기업의 기금으로 지급하는 형식을 취한다.

싱가포르의 임팩트 거래소(Impact Investment Exchange Asia: IIEX)는 2013년 개장했다. 아시아지역은 보건, 국민교육, 주택건설, 청정기

2 http://www.ssireview.org/blog/entry/the_rise_of_social_stock_exchanges

술, 마이크로 금융 등 다양한 영역에 걸쳐 많은 사회적 기업가들이 있으나 여전히 성장을 위한 자본조달이 어려운 경우가 많았다. 초기에는 중소형 사회적 기업이 주식 및 채권 발행을 통해 자본을 조달할 수 있도록 돕는 데 주력했으며, 모리셔스 증권거래소와 협력해 '임팩트 익스체인지(Impact Exchange)'를 출범시켰다. 이 공인된 거래소는 여성생계채권(Women's Livelihood Bonds)과 같이 자선 및 민간 자본을 혼합해 측정 가능한 사회적 성과를 창출하는 금융상품 상장을 지원한다. 또한 IIX는 임팩트 파트너스(Impact Partners)와 임팩트 인큐베이터(Impact Incubator)를 운영하며, 거래 자문, 파이프라인 개발, 멘토링 및 역량 강화 프로그램을 제공한다. 시간이 지날수록 IIX는 IRIS+ 등 국제적으로 인정받는 임팩트 측정 표준을 도입하고 지속가능개발 프레임워크와의 정렬을 강화함으로써 투명성과 투자자 신뢰를 높여왔다. 2013년부터 사회적 기업과 투자자들을 위해 현재 3개의 영역에 걸쳐 서비스를 제공하고 있으며 세부 내용은 다음과 같다.

싱가포르 IIEX의 서비스 분야

구분	내용
Impact Partners	• 신규/성장기의 사회적 기업들과 민간 투자자들을 연계 • 투자자들은 사업계획서를 통한 투자대상을 모색 • 등록된 사회적 기업들은 경제적·사회적 성과평가를 받음
Impact Exchange	• 2013년부터 사회적 증권거래소 기능을 제공 • 투자자는 수익에 따른 배당 또는 원금회수 가능 • 사회적 기업은 사업목적에 부합한 자본을 안정적으로 조달 가능
Impact Incubator	• 예비/신규 사회적 기업 대상의 교육 및 컨설팅 • 헬스케어, 교육, 친환경 기술, 마이크로 파이낸스 등이 주요 분야 • 상장기업들은 투자자들에게 재무·사회·환경적 외부감사보고서 제공 의무

영국의 사회적 증권거래소(Social Stock Exchange: SSX) 또한 2013년 개장한 후에 소셜 임팩트 테스트(social impact test)를 통과한 기업들을 모으는 중이다. 현재 12개의 기업이 등록되어 있으며, 거래소 사이트에는 임팩트투자를 돕기 위한 각종 서비스를 제공하고 있다. 영국의 사회적 증권거래소는 현재 일반투자자들을 상대로 정보를 전달하는 역할을 하였다.

SSX는 2019년 NEX 거래소와 합병하여 기존 규제 시장 인프라 안에 통합되었다. 이 합병은 독립적인 플랫폼에서 벗어나 기존의 규제된 거래소 내에 사회적 임팩트 상장 영역을 내장하는 방향 전환을 의미한다. 현재 SSX라는 브랜드 자체는 덜 부각되지만, 영국 임팩트 투자 생태계는 여전히 활발하다. Ethex나 Social Investment Scotland와 같은 대안적 플랫폼이 나타나고 있으며, Aquis 증권거래소나 런던증권거래소(LSE)의 그린·지속가능부문이 사회·환경적 미션을 가진 기업들에게 새로운 기회를 제공하고 있다. 이를 통해 임팩트와 재무적 수익을 결합하는 개념이 더욱 정상화되고 있다.

이제까지 알아본 바와 같이 사회적 증권거래소가 긍정적으로 기능하는 점도 많지만 몇 가지 리스크도 여전히 존재한다. 우선 참여자들을 보호할 수 있는 제도의 불완전성이 존재한다. 이러한 신뢰의 부족은 투자자, 사회적 기업, 주식거래와 관련된 이해관계자들이 시장에서 제 역할을 하는 데 걸림돌로 작용하고 있다. 이를테면 국가별로 성과의 측정과 평가에 편차가 존재하므로, 국제적으로 통용되는 인증의 획득 여부를 적용하는 방법 등을 모색해 볼 수 있다. 가치평가가 주는 혼란을 겪지 않기 위해 가치평가를 회피하거나 기업과 투자자를 연계하는 역할에 머무르는 경우도 존재하며 이를 극복하기 위한 지속적인 노력이 필요하다(Chhichhia, 2015).

사회적 증권거래소는 여전히 공통된 임팩트 측정 기준의 확립, 신뢰도 및 투자자 보호 확보, 그리고 '임팩트 워싱(impact washing)'을 방지하는 등 핵심 과제에 직면해 있다. 이러한 플랫폼이 견고한 거버넌스 구조, 제3자 인증 시스템, 투명한 보고 체계를 갖추도록 하는 노력이 진행 중이다. 유엔 지속가능개발목표(SDGs)와의 정렬 같은 국제적 협력과 공통 지표의 확산은 국가별 가치평가 및 성과측정 차이에 대한 우려를 해소하는 데 도움이 될 수 있다.

사회적 증권거래소의 개념은 시간이 지날수록 전통적 금융시장과 임팩트 지향 기업이 더욱 유기적으로 결합하는 방향으로 진화하고 있다. 더 많은 국가들이 자체 SSE 프레임워크를 도입·개선하고, 이미 자리 잡은 플랫폼들이 성숙해감에 따라, 이 개념은 주류 시장에서 점차 수용되고 있다. 투자자 교육 강화, 고품질 데이터 접근성 개선, 그리고 보고 기준의 점진적 조화는 측정 가능한 사회·환경적 성과를 창출하는 기관들로의 자본 흐름을 더욱 원활하게 할 것으로 기대된다.

02 사회성과연계채권

사회성과연계채권(Social Impact Bond: SIB)은 민간투자로 공공사업을 수행하고 정부는 사업수행기관이 성과목표를 달성할 경우 계약에 따라 투자자에게 자금을 상환하는 방식으로 거래된다. 즉, 비즈니스모델의 혁신성을 담보로 효율적인 공공재정의 운용과 효과적인 사회문제의 해결을 위한 대안으로 도입되고 있다.

일반적인 사회성과연계채권의 운용 방식은 다음 모식도와 같은 방식으로 이루어진다. 먼저 정부는 사회적 요구에 따른 과제를 발주하고 SIB 운용기관과 위탁계약을 체결한다(1). SIB 운용기관은 정부의 보증으로 민간투자자들에게 채권을 발행하고 자금을 조달받는다(2). 그리고 사업수행기관을 선발하여 사업비를 제공한다(3). 사업비를 전달받은 수행기관은 수혜대상에게 서비스를 제공하고(4), 독립적인 평가기관이 수행된 사업을 평가하여(5) 정부에 전달한다(6). 초기에 계약한 성과를 달성한 경우, SIB 운용기관에 계획대로 예산을 집행하고(7), SIB 운용기관은 민간투자자들에게 투자받은 자금과 일부의 이익금을 상환한다(8).

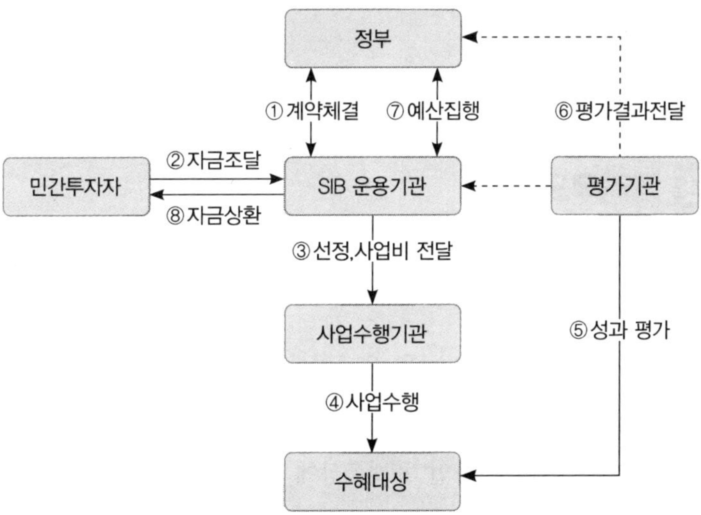

〈사회성과연계채권의 체계도〉

하나의 예로, 영국의 Peterborough시에서는 교도소 출소자들이 사회에 안정적으로 유입될 수 있도록 상담 및 직업훈련, 일정 기간의 주거 제공서비스 등을 종합적으로 제공하는 사업이 2010년에 시작되었다. 수감자들의 출소 후 1년 내 재수감률로 성과를 평가하고 단계적으로 배당금을 지급하는 방식으로 운용 중이다. 우리나라의 경우 서울시와 한국사회투자 간 SIB사업수행을 위한 MOU를 체결하고 아동복지서비스 관련 사업을 공모한 바 있다.

Peterborough 사례 이후 전 세계 각국에서 SIB를 도입하기 시작했다. 2020년대 중반까지 30여 개국에서 200개 이상의 SIB가 발행되어 유아교육, 장애인 고용, 정신건강 서비스, 노숙자 문제 해소 등 다양한 분야에 적용되고 있다. 국가·지역·지방자치단체 단위에서 검증된 성과기반 모델을 활용함으로써 공적 자금이 검증된 프로그램으로 흐르도록 하고 있다.

03 크라우드펀딩

1. 개요

크라우드펀딩(crowdfunding)은 온라인상에서 불특정 다수의 개인들로부터 자금을 제공받는 방식을 뜻한다. 일반적으로 제품개발이나 프로젝트 수행을 위해 온라인 플랫폼상에서 투자, 대출 및 후원 등의 형식으로 자금을 마련하며 소셜펀딩이라고 불리기도 한다. 해외의 경우 Kickstarter,[3] KIVA[4] 등의 모델이 대표적이다.

3 https://www.kickstarter.com
4 http://www.kiva.org

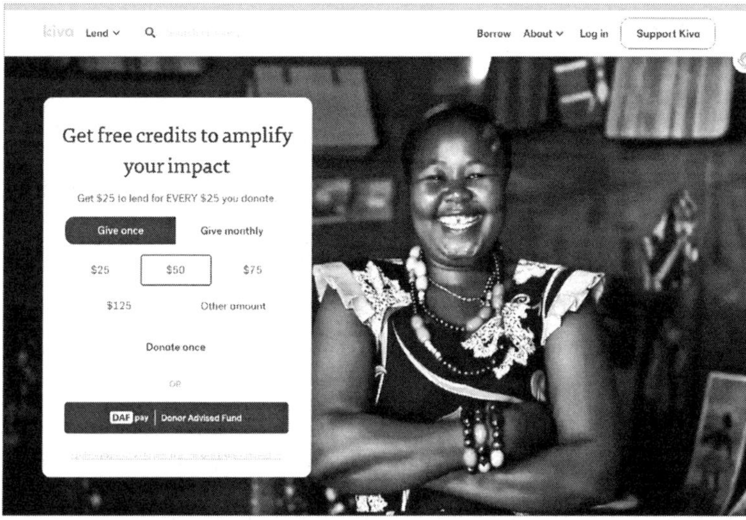

〈KIVA 웹사이트. www.kiva.org〉

기본적인 크라우드펀딩은 대출서비스로서 인터넷을 통한 소액대출로 개인 및 개인사업자들에게 자금을 지원하는 유형이다. P2P(Peer to Peer)금융이나 온라인소액금융을 통해 대출로 인해 발생하는 이자를 수취하는 것이 주된 사업모델이다.

또한 후원 및 기부형식의 크라우드펀딩이 많이 활용되고 있다. 크라우드펀딩에 있어서 후원과 기부는 보상의 여부에 따라 구분된다. 해당 모금프로젝트에 후원자들이 자금을 제공하면 차후에 금전적 보상 이외의 형태로 보상을 받게 된다. 공연, 예술분야에서 많은 활용을 하고 있다. 이와 달리 기부 형식의 크라우드펀딩은 후원자들에 대한 보상이 없는 기부 형식으로 수행된다.

한편, 크라우드펀딩을 통해 지분을 투자할 수도 있다. 이는 신생기업, 창업자에 투자 자금을 지원하고 투자금액에 비례한 지분을 취득하여 수익을 창출하는 방식이다.

2. 각국의 사례

1) 미국

미국의 경우 일명 '신생기업 활성화법(JOBS Act)'이라 불리는 스타트업 육성지원법이 통과되어 2012년 4월 오바마 대통령의 서명을 받았다. 해당 법안은 미국에서 지난 15년 동안 신규 일자리창출 비중의 65% 정도가 신생벤처기업에서 발생한 점을 근거로 양당의 지지를 받으며 통과되었다. 이를 계기로 일반인들도 크라우드펀딩에 참여할 수 있게 되었다.

2016년 5월 증권거래위원회(SEC)가 JOBS Act 제3편(Title III)의 세부 규정을 확정하면서, 비공인 투자자들도 등록된 크라우드펀딩 포털을 통해 스타트업에 투자할 수 있게 되었다. 이 규정 시행 이후 크라우드펀딩은 신생 기업들이 더욱 탄력적으로 자본을 유치하는 공식적인 경로로 자리 잡았다.

2) EU

유럽연합(EU)에서는 2021년 11월 '유럽 크라우드펀딩 서비스 제공자(ECSP) 규정'이 발효되어 회원국 간 통합된 규범이 마련되었다. 이를 통해 크라우드펀딩 플랫폼은 단일 규칙하에 운영될 수 있게 되었으며, 국경 간 투자를 활성화하고 투자자 보호를 강화하는 효과가 기대된다.

3) 우리나라

우리나라의 경우 2016년 1월부터 개정된 '자본시장과 금융투자업에 관한 법률'을 통해 스타트업 및 소규모 기업이 온라인상에서 주식

투자를 받을 수 있도록 허용했다. 이로 인해 크라우드펀딩 플랫폼을 통한 소액투자 유치가 가능해졌고, 투자한도를 설정하고 공시 의무를 강화하는 등 투자자 보호 장치도 마련되었다. 이는 국내 스타트업 생태계 활성화에 기여하면서, 일반 투자자들도 초기 기업에 참여할 수 있는 환경을 조성하고 있다.

주식형 모델 외에도 보상형, 기부형, P2P 대출형 등 다양한 형태의 크라우드펀딩이 확대되고 있다. 보상형 크라우드펀딩은 창작·예술 분야에서 후원자들이 금전이 아닌 상품이나 체험을 보상으로 받는 형태가 대표적이다. 기부형 크라우드펀딩은 재난 구호, 지역사회 프로젝트 등 대가 없는 순수 기부 형태로 진행된다. 한편, P2P 대출형은 대출이자에 기반을 둔 투자로 발전했으며, 이 과정에서 대출자 신용정보 공개, 이자율 및 리스크 관리에 대한 투명성이 확보되고 있다.

국내 크라우드펀딩 시장은 다양한 분야와 목적에 따라 여러 형태로 발전하고 있으며, 대표적인 예시로 와디즈, 해피빈, 텀블벅 등이 있다.

와디즈는 국내 최대 규모의 리워드형(보상형) 크라우드펀딩 플랫폼 중 하나로, 예비 창업자나 기업이 시제품·아이디어를 선보여 대중의 후원을 받고, 일정 금액 이상 모금에 성공하면 후원자들에게 상품이나 서비스 형태로 보상을 제공한다. 디자인 제품, 식품, 테크 가젯, 문화 콘텐츠까지 다양한 카테고리의 프로젝트가 활발히 진행되고 있다.

해피빈은 네이버가 운영하는 기부형 크라우드펀딩 플랫폼으로, 비영리단체나 사회적 기업, 공익 프로젝트가 일정한 목표 금액을 설정하고 온라인으로 기부를 받는다. 후원자는 해피빈 콩이나 결제 수단을 통해 원하는 프로젝트에 기부하고, 해당 단체나 프로젝트는 이 자금을 활용해 사회문제를 해결하거나 공익적 서비스를 확대한다.

텀블벅은 비영리 및 예술 분야 프로젝트 지원 플랫폼의 하나로 창작자나 예술가가 자신이 진행하고 싶은 프로젝트(음반 제작, 전시, 공연 등)를 소개하고 이를 지지하는 후원자로부터 자금을 모금하는 형태이다. 목표 금액 도달 시 후원자들은 창작물이나 굿즈 등을 보상으로 받을 수 있으며, 창작자는 초기 비용 부담을 덜고 작품 활동에 집중할 수 있다.

Chapter 8

소셜 매니지먼트와 임팩트 비즈니스 실천 전략

01 공유가치 창출전략

1. CSV 전략

포터(M. Porter)와 크레이머(M. Kramer)는 자신들의 논문인 'Creating Shared Value(2011)'에서 사회에 혜택을 가져오면 기업 자신의 수익도 증가하는 공유가치 창출전략을 다음과 같은 세 가지 방법으로 제시하였다.

첫째, 상품과 시장을 재구상한다. 이는 상품과 시장을 사회의 요구나 혜택, 문제 등을 충족하고 해결하도록 설계하고 가격을 책정하며 유통을 개발하는 것을 말한다.

사회는 보건, 주택, 영양개선, 노인 주거시설, 재정적 안정 강화, 환경 오염 완화 등을 필요로 하며, 이를 효율적이며 효과적으로 제공할 것을 요구하고 있다. 보다 구체적으로 맛과 양을 넘어 건강에 좋은 음식, 다소 가격이 비싸더라도 친환경 제품, 저소득 소외계층이나 개도국의 급박한 사회적 요구에 적합한 제품과 서비스의 제공, 선진국의 경우는 도심 빈민가와 같이 기업들의 관심 밖이었던 비전통적 시장의 개척 등을 요구하고 있다.

둘째, 가치사슬의 생산성을 재정의한다. 기업은 고객이 원하는 것을 제공하여 구매하게 함으로써 가치를 창출하는데, 이는 조직 내 여러 활동이 마치 사슬과 같이 서로 연관되어 상호작용을 하였기 때문에 가능하다. 이렇게 상호 연관된 모습을 가치사슬이라 한다. 이는 크게 입·출고의 물류, 운영, 마케팅과 판매 등의 본원적 활동들과 이를 지원하는 인적자원관리, 기술개발, 조달, 인프라 등의 지원 활동들로 구성된다.

포장재를 덜 쓰면 쓰레기 발생량을 줄일 수 있으며, 물류를 개편하면 에너지 사용을 절약할 수 있다. 또 구매 단가를 낮추면 협력업체의 역량을 약화시킬 수 있고, 직원의 생산성은 복지제도와 관련이 깊으며, 생산공장의 이전은 지역을 황폐화시키기도 한다. 이처럼 모든 가치사슬 내 활동들은 천연자원과 수자원 이용, 보건 및 안전, 근로조건, 직장에서의 차별 철폐 등 다양한 사회적 이슈와 영향을 주고받게 된다. 사회적 문제는 기업에게 경제적 비용으로 고스란히 전가됨을 알 수 있다. 따라서 기업의 사회적 문제에 관심을 갖는 것은 그대로 기업 경쟁력으로 이어진다.

셋째, 기업 활동을 지원해줄 현지 산업 클러스터를 구축한다. 공유가치의 창출은 얼마나 많은 협력 기업, NGO와 사업, 교육기관과 교육 및 시장제도 등의 인프라가 지리적으로 집중된 지원환경 속에 놓이냐가 관건이다. 즉, 어떻게 연계되고 공유된 클러스터를 기업의 비즈니스 모델로 구축하고 혼자서 영향력을 발휘할 영역과 파트너와 상호 협력해야 할 영역을 구분하여 운영하느냐의 문제가 된다.

그렇게 되기 위해서 투명하고 개방된 시장이 만들어져야 하며 이 과정에서 기업과 공동체의 관계는 더욱 확대되게 된다. 자연스럽게 기업의 성공이 사회의 성공으로 이어지게 된다. 공유가치는 개별화된 조직 간의 경계에, 영리와 비영리의 경계에, 민간과 공공의 경계에서 창출될 가능성이 높음을 잊지 말아야 한다.

2. CSR 3.0 전략

미국의 사회적 가치평가분야의 전문가인 노스웨스턴 대학교의 사울(J. Saul) 교수는 지난 수년간 기업의 사회적 가치와 비즈니스 가치를 측정하는 과정을 통한 종합적 결론으로 CSR 3.0(2011)을 소개하면서 다음과 같은 5가지 사회혁신전략을 주문하고 있다.

첫째, 서브마켓(submarket)을 개척하라. 서브마켓이란 과거 수익성을 올리기 어려운 미개척 시장으로, 수십억 명이 해당되는 저소득층 시장(bottom of pyramid: BOP) 등이 이에 해당한다. 이들에게 다가가기 위해서는 핵심가치나 기능은 살리되 여타 기능은 대폭 제거함을 통해 가격 절감을 도모할 것을 강조하고 있다.

둘째, 백도어(backdoor) 채널로 신규시장에 진입해라. 백도어 채널 진입이란 신규시장 진입의 장벽이 치열한 경쟁 등과 같은 프런트 도어에 의한 것이라기보다 빈곤, 소외계층 등과 같은 백도어적 채널인 사회적 요소에 의한 문제 해결을 통해 새로운 잠재시장을 찾아내는 것을 말한다.

셋째, 고객들과 정서적 유대감을 만들어라. 이는 기존 고객을 사회 문제 해결책의 주도자가 될 수 있도록 지원함을 통해 충성도도 높이고 홍보대사로도 만들어 자연스럽게 수익이 증가하도록 하는 것이다.

넷째, 인재채용을 위한 파이프라인을 만들어라. 이는 기업이 직접 교육 아카데미나 직업훈련 과정 등을 제공하여 양질의 인력을 양성하고 직접 입사도 시킴을 통해 사회문제도 해결하고 기업의 문제도 동시에 해결하는 것을 말한다.

다섯째, 역로비를 통해 정부정책에 영향을 미쳐라. 역로비란 정부를 대상으로 기업만을 위한 규제완화 등의 로비에서 벗어나, 사회문제를 풀면서도 비즈니스 가치를 올리기 위한 법안 제정 등의 '공익을 위한 로비'를 말한다. 이는 사회문제 해결을 위해 기업과 정부가 협력의 장으로 나오게 하는 것이다.

3. 지속가능한 재무 전략

토론토 대학교 마틴(R. Martin) 교수와 사회적 기업가를 연구하는 스콜재단 대표이사인 오스버그(S. Osberg)는 스콜상을 수상한 91개 사회적 기업의 성공 요인을 분석한 결과, 지속가능한 재무 모델을 만들기 위한 전략으로 경제 주체와 실행 기술 측면에서 변화에 집중하는 모습을 발견하였다.

먼저 경제 주체 측면에서 새로운 경제 주체로 소비자와 정부의 참여를 적극적으로 추진할 것을 강조하였다. 사회경제적 문제는 참여하는 경제 주체 간의 힘의 불균형에서 유래되는 경우가 적지 않은 바, 성공적인 사회적 기업은 소비자에게 사회경제적으로 문제가 있는 제품과 서비스의 소비를 거부할 수 있도록 투명한 정보를 제공하고 동기를 부여하였다. 또한 정부를 상대로 효과적인 역할을 요구하면서 적절한 정책을 수립할 수 있도록 근거자료를 제공하는 등의 설득 활동을 적극적으로 수행하였다.

두 번째 방식은 기존 경제 주체들은 그대로 둔 채 시스템에서 사용되는 기술을 획기적으로 발전시키는 양상을 나타냈다. 이러한 기술 발전의 양상으로는 핵심기술을 저비용기술로 대체하거나 새로운 실행기술을 개발하거나 기존의 실행기술의 용도를 변경하는 등의 방법들이 활용되었다.

여기서 코페르닉(Kopernik)이라는 사용자 주도의 개방형 온라인 기술중개 사이트를 활용할 수 있다. 코페르닉은 전 세계에 흩어져 있는 적정기술의 공유 및 거래, 공급을 돕는 온라인 플랫폼으로, 원하는 적정기술을 공개적으로 구하는 자와 관련 기술을 보유한 기업을 연결시켜 준다. 이뿐만 아니라 기술이전에 필요한 자금도 공개적으로 모금 활동을 전개하는 '마이크로 펀딩'도 수행하여 기술이전을 용이하게 이루어지도록 중개한다.

코페르닉 모형이 중요한 이유는 이러한 전 과정에 사용자가 참여하게 되면 최종 제품 및 서비스에 대한 소비자의 수용성을 높여 이윤 창출의 기회를 극대화하는 장점을 얻을 수 있음에 있다.

이처럼 새로운 경제 주체의 참여를 통한 사회경제적 균형상태의 변화전략과 실행기술의 대체, 개발 및 용도변경 등의 전략들은 서로 혼합될 때 사회적 기업의 성공가능성은 한층 배가될 수 있다.

4. BOP 전략

1995년 프라할라드(C. Prahalad) 교수는 세계 50억 인구 중 절반이 하루 2달러 이하로 살아가고 있음에 주목하고, 부유한 사람에게 하나라도 더 팔기 위해 혈안이 되어 있는 현재의 경영학에서 벗어나, 자신의 경영학은 저소득층(Base of the Pyramid: BOP)에게 더 나은 삶을 제공하기 위해 노력할 것을 천명하였다.

이후 모니터그룹[1] 등은 거의 전분야에 적용 가능하며 이를 통해 새로운 비즈니스 모델을 구상함에 단초를 제공하는 BOP 시장 진출전략을 소개하고 있다. 그 주요 내용은 다음과 같다.

첫째, 자산을 구매하여 소유하는 방식에서 탈피해 자신이 사용한 만큼 사용료를 지급한다. 이는 초기 투자비용을 줄일 수 있고 서비스당 단가를 낮출 수 있을 뿐 아니라 전문가에 의한 관리가 가능한 장점을 십분 활용할 수 있다.

둘째, 핵심이 아닌 부차적인 기능은 제거함을 통해 원가절감과 특화를 실현할 수 있다. 이는 모든 분야에서 활용할 수 있는데 부가가치와 비부가가치 영역을 구분하고 비부가가치도 필연적 부분과 그렇지 못한 부분으로 구분하여 그렇지 못한 부분부터 제거해 나간다.

셋째, 숙련되고 전문적인 일이라도 잘게 쪼개어 전문지식이 필요한 영역과 누구나 할 수 있는 단순하고 반복적이며 표준화된 업무로 나눈다. 단순한 업무는 덜 숙련되고 임금이 저렴한 보조인력으로 하여금 수행하게 하여 고정비용을 줄이는 장점을 얻을 수 있다.

넷째, 이미 구축되어 있는 유통망을 빌리는 대신 경제적인 이익을 배분할 수 있는 방안을 강구한다. 이는 초기 유통망 구축은 상당한 비용이 투자되기 때문에 이미 잘 구축되진 업계의 유통망을 공유하여

1 고중선(2011) 참조.

서로 도움이 될 수 있는 방안을 찾아본다.

다섯째, 생산 전에 판매한다. 이는 계약생산과 같이 안정적인 생산을 이루게 하여 초기 투자자본의 지원, 생산 요소의 신용 구매, 원활하고 지속적인 기술 지원 등이 가능하게 하여 생산성향상을 도모한다.

여섯째, 직거래를 실현한다. 이는 많이 활용되고 있는 모델이기도 한데, 직거래의 장점을 살리기 위해 농작물의 경우 실시간으로 가격동향, 날씨, 과학적 영농기술, 원재료 가격정보 등을 제공함으로써 그 혜택을 확대할 수 있다.

라이프 스트로(life straw)를 생산한 베스터가르드 프랑센(Vester- gaard Frandsen)의 사례는 시사하는 바가 크다. 일반적으로 맑은 물을 제공하기 위해서는 막대한 비용과 시간이 소요되는 정수와 상수시설 등의 인프라를 설치해야 하기에 엄두를 내지 못하는 사례가 흔하다. 그런데 이는 맑은 물의 제공이라는 목표를 공급지점(point of entry: POE) 중심으로 해석한 결과라는 점을 간파한 베스터가르드 프랑센은 이를 사용지점(point of use: POU)으로 전환하여 라이프 스트로를 생산하게 되었다. 그 결과 지천에 깔린 오염수에 사용자가 직접 불순물을 여과하는 빨대를 적용하여 맑은 물을 마실 수 있게 되었다. 실로 혁신적인 발상이다.

본 사례를 통해 같은 현상에 대한 대응책이 공급지점 사고에 근거하는지, 이를 사용지점 접근으로 변경하면 어찌 되는지를 구분해 보는 기회가 되길 바란다.

02 사회적 기업의 성공 습관

크러치필드(L. Crutchfield)와 그랜트(H. Grant)는 성공한 사회적 기업과 비영리단체의 6가지 습관을 연구한 도서『선을 위한 힘 Forces for Good』을 발표하였다. 콜린스(J. Collins)의『좋은 기업을 넘어 위대한 기업으로 Good to Great』의 사회적 기업판이라 할 수 있다.

본서에서는 비영리단체의 수천 명의 경영자를 조사하여 대표적인 단체 12곳을 선정해 2년 동안 심층적으로 연구하였으며, 다음과 같은 6가지 습관의 성공비결을 발견하였다.

첫째, 단체 본연의 일뿐 아니라, 정부정책의 변경을 위해 정부기관 등 관련 단체들과 협력하는 등 현장 활동과 정책 활동을 적극적으로 병행하는 모습을 보였다. 이는 정부는 자금, 정치권력, 분배 능력 등에서 우위를 보이며, 비영리단체는 재능, 네트워크, 지식, 저돌성 등에서, 또 기업은 시장 발굴 및 창출력, 경영 능력 등에서 핵심역량을 보유하고 있어 이를 연계하는 것이 신시장 창출에 단초가 됨을 강조하였다.

둘째, 시장의 힘을 이용하고, 기업을 강력한 동반자로 생각하고 있었다. 비영리단체는 기업으로 하여금 사회적 책임을 다하는 것이 이윤추구에 유리함을 끊임없이 돕고 찾는 것으로 이기심의 자극이 이타성의 호소보다 훨씬 파급력이 큼을 활용하는 것이다.

이렇게 기업과 협력하는 방안으로 다음과 같은 세 가지 방법을 추천하였다.

① 기업의 관행을 변경시킨다. 이는 근거사례를 제공하거나 입증함을 통해 주저했던 시장에 참여하도록 유도하는 것을 말한다.

예를 들어, 저소득층 대출자의 채무불이행비율이 중산층과 비슷함을 입증을 통해 새로운 대출시장을 찾게 해주는 것일 수 있다.

② 기업과 협력하는 것이다. 이는 각자가 갖고 있는 강점을 십분 교류하고 연계하여 새로운 시장을 창출하는 것이다. 마치 개별 퍼즐 조각으로는 전체 그림을 파악할 수 없는 것과 같은 이치라 할 수 있다. 예를 들어, 개별 농가는 농기계를 살 능력이 없어 농작물 생산량에 한계에 봉착한 마을이 있다. 이 마을의 이장은 그런 농가가 누구인지를 알고 있을 때, 사회적 기업가가 이 마을을 찾아 이장을 통해 그러한 농가를 규합하여 개별 대출보다 유리한 조건으로 대출을 받아 여러 대의 농기구를 저렴하게 구입하도록 도울 수 있다. 이후 생산량 확대를 통해 대출도 갚고 농기계도 보유하게 된다.

③ 직접 수익사업을 경영하는 것이다. 영리와 비영리사업의 유일한 차이점은 수익의 사회적 환원 여부뿐이라 할 수 있다. 영리기업의 경우 수익금을 분배함을 통해 재투자 여력을 줄이지만, 비영리기업의 경우 이를 전액 재투자하여 더 좋은 제품과 서비스를 생산할 수 있다. 이를 반복한다면 운영의 효율성만 담보할 경우 지속적 성장에 보다 유리할 수 있다.

셋째, 자원봉사자를 단순히 무보수로 일 해주는 봉사의 영역에만 머무르게 하지 않고 열성지지자가 되도록 하였다. 이와 함께 기부자와 자문위원도 돈과 지식만을 제공하는 관계가 아닌 강한 공동체를 형성하여 조직의 대의를 자발적으로 널리 알림을 통해 더 큰 목표를 달성하도록 돕게 하였다.

넷째, 다른 비영리단체를 경쟁자가 아니라 동맹 세력으로 보고 연대하고 있었다. 연대는 덕이 높아서가 아니라 각자에게 이익이 되기 때문으로 이를 통해 더욱 새로운 시장을 창출할 수 있었기 때문이다.

다섯째, 전략적 자세와 혁신적 사고로 변화하는 환경에 재빠르게 적응하고 있었다. 이를 위해 잘 듣고 배우고 수정하는 능력, 혁신을 이어가는 능력을 더욱 배가하고 있었다.

여섯째, 리더십을 공유하고 다른 세력들에게 권한을 나누고 있었다. 강력한 카리스마를 보유하되 자기중심적이진 않는 특성을 보였는데, 이들은 공유의 필요성을 인식하고 힘 있는 후계자를 양성하였으며, 강력한 집행부와 열성적인 이사회를 적극적으로 구축하는 모습을 보였다.

이상의 분석에서 경영의 측면에서 의미 있는 시사점을 도출할 수 있다. 이들은 대체로 조직관리나 비용절감보다 미션인 사회적 영향력을 우선적으로 고려하는 일관된 활동을 전개하였으며, 새로운 생각이나 모델보다 실행에 집중하는 모습을 보였다. 또한 사회적 영향력의 크기는 예산과 비례하지 않는 결과를 보이기도 하였다.

이는 조직의 지향점이 개인과 부합되고 조직 속에서 개인이 성장할 수 있다면 자잘한 경영관리수법들이 그다지 중요하지 않을 수 있음을 시사하는 결과로도 해석될 수 있다. 즉, 성공적인 사회적 기업 및 비영리기업의 운영은 기업경영의 혁신 모델로도 접근할 수 있다고 할 수 있다. 기계적 인간관이 아닌 유기체적 인간관에 입각한 인간 중심의 경영으로 조직과 인간의 성장이 함께 갈 수 있도록 함에 지속가능경영의 미래가 있다 하겠다.

03 협력전략

1. 팃포탯

액셀로드(R. Axelrod)는 그의 책 『협력의 진화 The Evolution of Cooperation』(2009)에서 팃포탯(Tit for Tat)이라는 협력전략을 소개하고 있다.

팃포탯은 '눈에는 눈, 이에는 이'를 의미하는 것으로 상대가 하는 것을 그대로 따라하는 전략을 말한다. 이는 일단 협력으로 시작하여 다음부터는 상대의 대응 방식을 그대로 따라하는 단순한 전략이다. 액셀로드는 이에 입각하면 이기주의자이든 이타주의자이든 관계없이 협력을 이끌어낼 수 있음을 보여주고 있다. 이를 위해서는 다음과 같은 정책 방안들이 필요하다.

첫째, 개인들이 미래 다시 만날 가능성이 충분히 커 상호작용이 오랫동안 지속되게 할 때 호혜주의에 입각하여 행위하게 된다. 상호작용의 빈도와 지속성을 강화하기 위해서 어떤 하나의 쟁점을 작게 나눌 필요가 있다. 이는 매우 중요한 한두 차례의 큰 선택보다 상대적으로 덜 중요한 작은 선택을 여러 번 할 수 있는 기회를 만들어 호혜주의에 입각하도록 조치하는 것이다.

둘째, 서로에 대한 배려와 호혜주의를 가르치라는 것이다. 이는 이기적인 태도뿐 아니라 무조건적인 도덕적 태도 또한 협력 증진에 도움이 되지 않음을 인식시키는 것이다. 서로에 대한 배려를 가르쳐 신사적으로 행동하게 하고 상대가 배반하더라도 도덕적 태도에 입각해 배반하지 않는 것이 아닌 즉각적으로 배반하는 것이 상대로부터 보다 용이하게 협력을 이끌어낼 수 있음을 주지시켜야 한다.

셋째, 보수 자체를 바꾸라는 것으로 현재 배반하면서 얻는 이득이

장기적 협력보다 작도록 보수체계를 설정한다면 협력은 지속적으로 일어날 수 있다.

넷째, 인식 능력을 높이라는 것이다. 상호 협력을 제고하기 위해서는 앞에서 강조한 교육만으로 부족하다는 것이다. 이와 함께 과거에 상호작용했던 상대를 알아보고 그가 어떤 행동을 취했었는지를 인식하는 능력의 개선이 필요하다는 것이다. 이를 위해 투명한 정보공개와 공정한 평판이 소통될 수 있는 구조를 마련해야 할 것이다.

의사결정 상황은 내가 얻었을 때 상대가 잃는 경합적(zero-sum) 상황만 존재하는 것이 아님에도 불구하고 경쟁에만 입각해 의사결정을 하기 쉽다. 실제 의사결정 상황은 경합적 상황보다 비경합적(non zero-sum) 상황일 때가 훨씬 많다. 이는 내가 얻는 것과 상관없이 상대도 얻는 상황을 말한다.

따라서 이러한 상황일 때에는 협력이 더 큰 이득을 창출한다. 즉, 모두에게 상생(win-win)이 되는 해가 있다는 말이다. 이런 경우는 상대의 성공을 질투할 필요가 없으며 영악하게 굴 필요가 없다. 왜냐하면 상대의 성공이 내가 성공하기 위한 전제조건이 되기 때문이다. 그렇다면 자신의 의도를 가능하면 분명하고 간단하게 드러내는 것이 주효하다.

2. 초협력자

노왁(M. Nowark)은 『초협력자 Supercooperators』(2012)에서 다음과 같은 다섯 가지 협력의 법칙을 소개하고 있다.

- 혈연 선택(kin selection): 부모 자식과 같은 혈연관계일 때 협력의 가능성은 높아진다.
- 직접 상호성(direct reciprocity): 내가 누군가를 도우면 그 누군가가 나를 도울 가능성이 높아진다.
- 간접 상호성(indirect reciprocity): 내가 누군가를 도우면 이를 본 누군가가 나를 도울 가능성이 높아진다.
- 그래프 선택(graph selection): 유유상종으로 비슷한 사람끼리 모일 때 협력의 가능성은 높아진다.
- 집단 선택(group selection): 협력하고자 하는 개인은 실패할 수 있으나 소수라도 집단을 형성하면 협력의 가능성은 높아진다.

첫 번째의 혈연 선택을 제외하고 나머지는 의료조직에서 협력을 촉진하기 위해 활용할 수 있는 내용들이다.

직접 상호성은 '주고받는 원칙'을 말하는 것으로 대표적인 예가 맞대응이라 할 수 있는 팃포탯이다. 상대가 협력하면 나 또한 협력하고 상대가 그렇지 않으면 나 또한 그렇지 않게 대응함을 말한다. 이는 즉각적인 보복과 함께 관대한 수용을 상대의 행태와 결부시켜 행하는 것으로 무조건 참아주거나 어떤 일이 있어도 계속 벌을 주는 정책보다 효과적으로 협력을 유도할 수 있다.

이러한 직접 상호성이 작동하기 위해서는 지금의 친절이 다음의 친절로 이어질 수 있는 기회가 지속적으로 존재하는 상황이어야 한다. 따라서 양측이 지속적으로 접촉해야 하는 소집단 공동체가 존재할 때, 보다 잘 작동한다.

간접 상호성은 직접 상호성과 달리 당사자 간이 아닌 상황을 알고 있는 제3자에 의해 이루어지는 상호성으로, 이를 극대화하기 위해서는 선한 일을 한 사람에 대한 소문, 잡담 등의 평판이 잘 작동하는 투명한 정보공개정책이 필요하다.

그래프 선택은 유유상종이라 할 수 있는 네트워크 상호성(network reciprocity)을 말하는 것으로, 협력하는 사람끼리 네트워크를 형성하게 하면 서로 도움을 줄 수 있어 협력을 촉진할 수 있다.

집단 선택은 개인 차원과 달리 집단 차원에서는 협력하는 집단이 유리한 특성을 보임을 의미한다. 협력을 개인적 차원에 맡겨두면 협력하지 않는 다수에 의해 그 의도가 좌절되지만, 소수라 할지라도 집단을 형성하면 협력하지 않는 다수의 집단 속에서도 이를 촉진시킬 수 있다. 따라서 공동체 의식과 협동심에 대한 강조는 협력하는 집단을 형성하게 하여 협력을 촉진함에 매우 중요한 역할을 하게 된다. 따라서 협력이 잘 일어나기 위해서는 집단 내 사람 수가 적고 집단 수가 많을수록 유리하기 때문에 커뮤니티를 활성화하는 것이 중요하다.

3. 집합적 임팩트

카니아(J. Kania)와 크레머(M. Kramer)는 커다란 사회적 변화를 만들기 위해 정부, 기업, 비영리, 개인의 경계를 넘나들며 공동의 목적과 구조화된 프로세스를 추구하는 집합적 영향(collective impact)을 소개하면서 이를 성공적으로 이끌기 위한 5가지 조건을 제시하였다.[2]

첫째, 공동의 목표를 설정해야 한다. 집단적인 성과를 도모하기 위해 가장 중요한 것은 항상 강조되어온 미션과 비전의 공유이다. 하나

2 Kania, J. and M. Kramer (2011) 참조.

의 조직이 아닌 다양한 이해관계자들이 이루고자 하는 사회적인 목표를 공유하는 것이 우선되어야 한다. 미션만 공유해서는 안 된다. 미션의 공유로부터 일하는 방식에 이르기까지 구체적으로 동의를 구하지 않을 경우 정렬되지 않은 각 주체의 개별 활동에 그칠 가능성이 높다.

둘째, 성과측정을 공유해야 한다. 목표를 공유했다면 일이 어떻게 진행되고 있는지 실제적으로 모니터링하는 것이 바람직하다. 특히 다양한 이해관계자들 간의 협력이 어려운 만큼 모두가 수용할 수 있는 데이터에 근거한 성과측정과 공유는 참여자들에게 신뢰감을 부여한다. 이는 협력의 지속성을 유지하는 데 매우 중요한 요소가 된다. 다만, 사회적 성과의 측정과 공유는 객관성 측면에서 여전히 합의를 이루기 쉽지 않은 과제이기 때문에 충분한 논의를 통해 동의를 구할 필요가 있다.

셋째, 상호적 역량을 강화해야 한다. 다양한 주체들이 협력하는 과정이 쉽지 않은 만큼 참여자들의 역할 정렬(alignment)이 중요할 것이다. 여기서 정렬은 규제와 관리를 의미하지 않는다. 협력을 통해 시너지를 창출하기 위한 정렬이다. 목표한 사회문제의 해결에 필요한 다양한 기능과 역할이 필요하기 때문에 각자의 전문성이 상호 촉진될 수 있도록 정렬해야 한다.

넷째, 지속적인 의사소통을 해야 한다. 계속 강조되듯이 다양한 이해관계자의 협력을 이끌어내는 것은 어려운 일이지만 그것을 지속하는 것도 쉬운 일이 아니다. 어느 분야나 마찬가지이지만 관계의 지속을 위한 신뢰감 형성은 필수적이다. 유대감을 바탕으로 한 순수한 신뢰를 말하는 것이 아니다. 지속적인 의사소통이 가능한 구조를 마련하여 참여자들의 관심사와 사업목표에 대한 공유가 이루어져야 한다.

이때, 각 조직의 이해관계를 대변할 수 있는 대표자급의 정기적인 모임을 구성하는 것이 중요하며 논의를 균형감 있게 이끌어 나갈 진행자를 참여시키는 것이 큰 도움이 된다.

다섯째, 전문지원조직의 참여가 필요하다. 다수의 참여자들이 협업을 하는 데 있어 가장 어렵고 시간이 걸리는 부분은 '조정'이 아닐까 싶다. 다수의 패널이 참여하는 토론회나 텔레비전 토크쇼에서 빠질 수 없는 역할은 바로 사회자이다. 공통의 주제를 벗어나지 않게끔 참여자들의 발언권이나 분위기를 요령껏 배치하고 조정하는 역할을 한다. 집단적인 협업을 통한 사회문제 해결에도 열정적인 참여자들만으로는 궁극적인 목표달성이 어렵다. 목표를 향해 참여자들을 독려하고 상황의 변화에 따라 조정의 역할을 전담해 줄 지원조직의 참여가 필수적이다.

PART 4 평가편

Chapter 9

전략적 계획과 지향적 전략

01 전략과 전략적 계획 과정

1. 전략적 계획 과정

'군대(stratos)'를 '이끈다(ag)'라는 그리스어 strategos에서 유래된 전략(strategy)은 원래 군사용어로, 적군을 격퇴하기 위해 자신의 부대를 조직하고 훈련하는 장군의 계획을 의미하였다. 여기서 전략의 중요한 속성이 있다. 바로 약자의 소유물이라는 것이다. 전략을 약자가 '강자를 이기기 위해 방안'으로 이해될 때, 그 진수에 가깝게 다가갈 수 있다.

이렇게 생존과 지속적 성장을 담보하기 위한 전략은 크게 외부환경분석과 내부환경분석에 기초한다. 즉, 외부환경분석을 하는 이유는 자신에게 미치는 기회와 위협 요인을 파악하여 '내가 어디에 서야 하는지'에 대한 위치(positioning)를 이해하기 위함에 있다. 또 내부환경

분석은 자신의 강점과 약점 요인을 도출하여 '내가 무엇을 잘하는지'에 대한 역량(capability)을 찾게 한다.

전략은 이에 대한 물음에 답을 찾는 과정이 된다. 즉, 전략은 어떻게 하면 자신의 강점을 활용하여 외부의 기회를 활용하고 위협을 회피할 수 있는지를, 또 어떻게 하면 자신의 약점을 최소화하여 외부의 기회를 활용하고 위협을 회피할 수 있는지에 대한 답을 찾는 과정이라 할 수 있다. 이렇게 조직이 해야 하고, 할 수 있고, 또 원하는, 바로 그 답을 찾는 것이 전략수립의 핵심이다.

한편, 과정은 조직이 고유의 존재 이유 및 가치와 결부되어야 하며, 측정하고 관리하기 위한 과정과 연계되어야 한다. 이를 전략적 계획 과정이라 한다.

전략적 계획 과정이란 미션(mission), 비전(vision), 가치(core value), 전략(strategy), 핵심성공요인(critical success factor: CSF) 및 핵심성과지표(key performance index: KPI)와 같은 내용들로 구성되며, 이들이 체계적이고 일사분란하게 정렬됨으로써 완성된다.

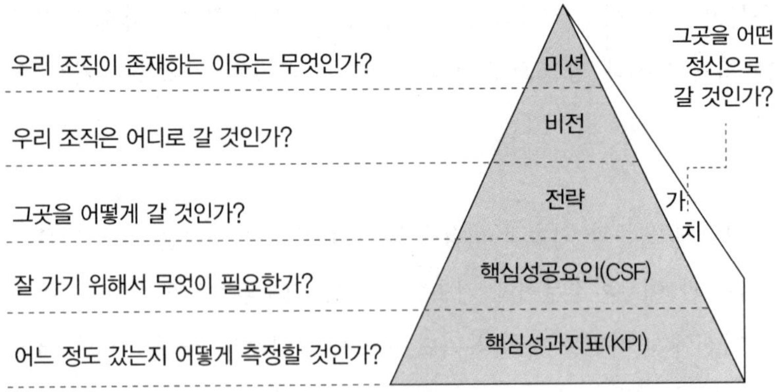

〈전략적 계획 과정〉

- 미션: 우리 조직이 존재하는 이유는 무엇인가?
- 비전: 우리 조직은 어디로 갈 것인가?
- 가치: 그 곳을 어떤 정신으로 갈 것인가?
- 전략: 그 곳을 어떻게 갈 것인가?
- 핵심성공요인: 잘 가기 위해서 무엇이 필요한가?
- 핵심성과지표: 어느 정도 갔는지 어떻게 측정할 것인가?

2. 전략의 개념

전략은 조직의 비전을 어떻게 달성할 것인가를 구체화한 것으로, 경쟁우위를 갖기 위해 방향과 목적을 수립하고 이를 달성하기 위해 자원을 배분하는 전반적인 계획이다. 즉, 전략은 조직의 생존과 지속적 성장을 위해 환경 변화에 적응하기 위한 목표를 정하고 자원배분의 우선순위(what to do vs. what not to do)를 정하는 것이다.

따라서 성공적인 전략은 외부환경이 주는 기회와 위협 요인을 파악하여 내부환경인 자신의 강점과 약점을 이에 적합시키기 위함을 바탕으로 미션, 비전, 가치에 입각해 수립하게 된다.

한편 전략은 특정 기능분야나 시장에서 성과를 높이는 계획인 전술(tactic)의 상위개념으로 흔히 전쟁을 전략에, 전투를 전술에 비유하기도 한다.

02 지향적 전략으로써 미션, 비전 그리고 핵심가치

조직의 생존을 위한 전략은 미션과 비전이라는 방향성 정립에서 비롯된다. 이들은 역사성과 상황성에 의해 규정되기 때문에 이를 지향적 전략이라 하며 큰 틀의 전략이 된다. 핵심가치는 이를 공고하게 하는 정신적 철학이자 원칙으로 미션과 비전을 흔들림없이 추진하게 하는 동력이다.

지향적 전략은 사회적 경제조직에서 매우 중요하다. 왜냐하면 이는 사회적 가치와 경제적인 가치의 양립을 동시에 추구해야 하는 사회적 경제조직의 특수성으로 인해 가치관의 충돌을 근본적으로 해결하는 거의 유일한 방안이기 때문이다.

'빨리 가려면 혼자 가고 오래 가려면 함께 가라'는 말이 있다. 사회적 경제조직의 존망은 신념과 신뢰의 바탕 위에 있다. 지향적 전략이 중요한 이유가 또한 여기에 있다.

1. 미션의 이해

1) 미션의 개념과 중요성

미션(mission)은 조직이 존재하는 이유이자 목적으로 조직의 유일성을 나타낸다. 즉, 조직이 '무엇을 해야 하며, 누구를 위해 존재하는지'에 해당하며, 조직이 지향하는 최고의 목적이자 가치가 된다. 미션은 조직이 존재하는 한 불변하는 영구적 성격을 갖고 있으며, 조직 비전에 대한 준거의 틀을 형성하게 된다.

조직의 확고한 미션은 다양하고 복잡한 사회적 경제조직의 내부관계를 하나의 지향점을 갖도록 통일시키고 정렬시켜 조직의 역량을 결집시키는 가장 근원적인 역할을 수행한다. 미션은 모든 직원이 자신의 노력을 가장 중요한 우선순위에 집중하는 것을 돕는다.

2) 미션 선언문의 작성

명확한 미션 선언문을 서술하기 위하여 다음에 제시된 주제와 관련된 질문에서 핵심단어를 도출할 수 있다.

- 고객: 누가 우리의 고객인가?
- 제공할 핵심가치: 우리는 어떤 가치를 고객에게 제공할 것인가?
- 제공할 가치의 지역적 범위: 우리는 어떤 지역을 주 대상으로 하는가?
- 명확한 철학: 우리는 어떤 철학, 신념, 가치, 포부 등을 갖고 핵심 가치를 제공할 것인가?
- 핵심적인 차별화 요소: 우리가 제공하는 핵심가치는 다른 조직과 명확히 어떤 점에서 차이가 있는가?

2. 비전의 이해

1) 비전의 개념

비전(vision)은 조직이 달성 가능한 미래상이자 중·장기적인 꿈을 말한다. 즉, 비전은 조직이 되고자 하는 바를 나타낸 전략의 추상적 표현이라 할 수 있다. 따라서 조직은 비전을 통해 조직구성원들에게 조직이 지향하는 전반적인 방향을 확인시키고 바람직한 미래의 모습을 공감시켜 자연스럽게 함께 이동할 수 있게 하는 역할을 수행한다.

효과적인 비전이 되기 위해서는 미래에 대한 희망을 품게 해야 하며, 독특해서 기억할 만한 지침으로써의 역할을 수행할 뿐 아니라 상상할 수 있도록 해야 한다. 무엇보다 중요한 것은 도달할 가능성이 있어야 한다는 점이다. 꿈을 꿀 수 없도록 막연하거나 달성 불가능한 내용으로 구성될 경우 아무런 효과를 발휘할 수 없다.

2) 비전의 역할 및 비전경영

설정된 비전은 조직의 전략방향을 결정하고 사업단위의 전략수립과 실천을 조직 전체의 틀 속에서 조정하며 통합하는 역할을 수행하게 된다.

따라서 명확한 비전 설정은 조직 전반에 걸쳐 목표의식과 의미를 부여하여 전략방향과 행동기준을 일관성 있도록 하며, 모든 조직원에게 동기부여와 참여의식을 유발함으로써 스스로 통제하는 자율적 구성원이 되게 한다는 측면에서 매우 중요하다.

이렇게 현실성이 있고 간단·명료한 비전의 설정은 조직이 끊임없이 혁신에 도전하도록 하는 원동력이 된다. 이는 조직의 입장에서 커다란 경쟁원천을 보유하게 하는 것으로 이를 활용하는 경영 활동을 비전경영(vision management)이라 한다.

3. 핵심가치의 이해

핵심가치(core value)는 조직의 철학, 원칙 및 이상을 정의한 것으로 조직과 사람들이 지지하는 기본적인 원리를 말한다.

사회적 경제조직의 핵심가치는 윤리적이고 사회적인 책임이 근본적으로 강조된다. 이와 함께 현재와 미래의 필요를 위한 충분한 재무적 수익을 얻기 위함도 강조되어야 한다.

이렇게 사명, 비전과 함께 조직을 유일하게 만드는 핵심가치가, 명확히 정립되어 구성원들 사이에 전달되고 이해되어 있다면, 이는 조직 스스로가 비전 달성을 향하여 움직이고 있는 것이다. 궁극적으로 미션을 실현하기 위한 최소한의 토대를 마련하였다고 하겠다.

03 경영전략

1. 경쟁과 전략

앞에서 위험보상을 확보하여야 조직이 존속할 수 있으며, 그 충분조건이 성과의 창출이라 하였다. 그러나 조직이 소기의 성과를 창출하는 것은, 다른 조직과 경쟁구도를 어떻게 형성하는가에 달려있다.

경쟁구도를 형성하는 관점에는 크게 두 가지가 있을 수 있다. 첫 번째 관점은 다른 조직과의 경쟁에서 이겨서 유리한 위치를 확보하여야 한다는 것이다. 즉, 경쟁우위를 확보해야 한다는 시각이다. 또 다른 관점은 다른 조직과 경쟁 그 자체를 할 필요가 없는 상황을 창출해야 한다는 시각이다. 이른바 경쟁을 멈추어야 한다는 주장이다.

- 관점 1: 경쟁에서 이겨야
- 관점 2: 경쟁을 멈춰야

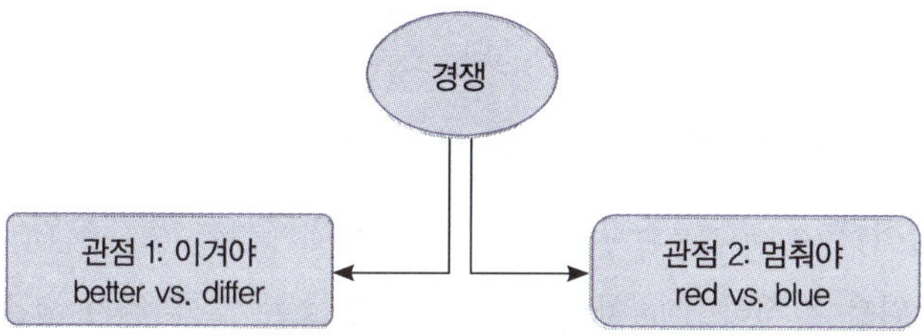

〈경쟁에 관한 시각〉

1) 관점 1, 경쟁에서 이기자

경쟁에서 이기기 위해서는 첫째, 경쟁자와 유사한 활동들을 경쟁자보다 더 우수하게 실행하는 능력을 보유하거나 둘째, 경쟁자의 활동과 다른 활동을 수행하거나 유사한 활동이라 하더라도 경쟁자와 다른 방식으로 수행할 수 있어야 한다. 전자를 운영의 효과성(operational effectiveness)이라고 하며, 후자를 전략적 포지셔닝(strategic positioning)이라 한다.

- 운영의 효과성: 동일한 일을 경쟁자와 동일한 방식으로 행하면서 경쟁자보다 뛰어나게 처리하는 것을 말한다.
- 전략적 포지셔닝: 동일한 일을 경쟁자와 다른 방식으로 일을 처리함으로써 고객에게 독특한 형태의 가치를 제공하는 것으로, 근본적으로 원가우위(cost leadership)와 차별화(differentiation)가 있다.

운영의 효과성은 낭비를 줄이고 신기술을 채택하며 직원에게 동기를 부여하는 등의 운영을 통해 같은 투입 요소로 더 많은 성과를 창출할 수 있으나 경쟁자에 의해 빠르게 모방될 수 있는 문제점을 안고 있다.

따라서 포터(M. Porter)는 시장의 경쟁이 하나로 수렴되면 저수익의 고통에 시달리기 때문에 독특한 가치결합을 제공하고자 하는 전략적 포지셔닝으로 경쟁전략을 수립하여야 한다고 보았다.[1]

경쟁전략(competitive strategy)을 수립하기 위해서는 경쟁우위 요소와 경쟁범위를 결정하여야 한다. 경쟁우위 요소는 크게 원가 요소와 차별화 요소가 있으며, 경쟁범위로는 전체시장(market wide)을 상대로 경쟁을 할지, 좁은 특정시장(specific, well-defined 'niche' market)을 상대로 경

1 포터(M. Porter)는 시장점유율이 높을수록 투자수익률이 높을 것이라는 기존의 통념이 실제와 차이가 있음을 분석하면서, 시장점유율이 높지 않아도 차별화에 의해 투자수익률이 높을 수 있음을 밝혀내었다. 이와 함께 원가우위와 차별화에도 입각하지 않은 어정쩡한 기업의 투자수익률이 가장 낮았음을 지적하면서, 원가 요소와 차별화 요소를 통해 산업 내에서 평균 이상의 성과를 올릴 수 있다고 강조하였다.

쟁을 할지를 포함한다.

일반적으로 첫째, 전체시장을 상대로 낮은 원가를 무기로 박리다매를 취한 원가우위(cost leadership)전략과 둘째, 독특성에 입각한 차별화(differentiation)전략이 있으며 셋째, 특정시장을 상대로 한 집중화(focus)전략이 있다. 포터(M. Porter)는 이 세 가지를 본원적 전략(generic strategies)이라 하였다.

원가우위(cost comparative)전략은 조직이 경쟁자들보다 지속적인 비용우위를 확보하여 낮은 가격으로 시장점유율을 확보하여 높은 이윤을 확보하는 전략이다. 원가우위를 확보하기 위해서는 규모의 경제성 확보, 경험축적, 원가통제, 고비용 거래의 회피, 우수한 기술, 양질의 투입물, 잘 훈련된 직원, 효과적인 관리구조 등을 통해 가능해진다.

		경쟁우위	
		저원가	차별화
경쟁 범위	넓은 시장	원가우위전략	차별화전략
	좁은 시장	원가집중전략	차별집중전략

〈경쟁전략 매트릭스〉

출처: M. Porter, *The Competitive Advantage of Nations*, NY: Free Press, 1990.

한편 차별화(differentiation)전략은 조직이 경쟁자들보다 서비스, 품질, 디자인, 이미지, 상표 등 모든 면에서 독특하고 뛰어난 가치를 제공함을 통해 우위를 점하는 전략이다. 차별화의 결과 가격에 둔감해진 고객에게 높은 가격을 책정해 평균 이상의 수익을 올리게 된다.

이렇게 원가우위나 차별화에 서도록 하는 모든 것을 혁신(innovation)이라고도 한다.

2) 관점 2, 경쟁을 멈추자

조직이 존속하기 위해서는 반드시 경쟁에서 이겨야만 하는 것은 아니다. 경쟁이 없는 새로운 시장을 창출하는 것도 존속을 가능하게 하는데 이를 블루오션 전략(blue ocean strategy)이라고 한다.

조직이 새로운 시장을 창출하지 않고 기존의 시장에서 경쟁자와 유사한 전략을 구사할 경우 결국 효율성경쟁 또는 가격경쟁으로 인해 큰 이익을 낼 수 없을 뿐 아니라 시장 전체가 공멸할 수도 있다. 이렇게 기존의 시장을 경쟁이 치열하다는 의미에서 레드오션(red ocean)이라 하고 새롭게 창출한 시장을 경쟁 없이 광범위하게 열려있다는 의미에서 블루오션이라고 한다.

- 레드오션: 오늘날 존재하는 모든 산업으로 이미 세상에 알려진 시장공간
- 블루오션: 현재 존재하지 않는 모든 산업으로 미개척 시장공간

블루오션과 레드오션 비교

레드오션 전략	블루오션 전략
기존 시장공간 안에서 경쟁	경쟁자 없는 새 시장공간 창출
경쟁자 이기기	경쟁을 무의미하게
기존 수요시장을 공략	새 수요창출 및 장악
가치와 비용 가운데 양자택일	가치·비용 둘 다 선택
차별화나 저가전략 가운데 하나를 택해 조직 전체 활동체계를 정렬	차별화와 저가전략을 동시에 추구하도록 조직 전체 활동체계를 정렬

자료: W. Kim and R. Mauborgne, "Blue Ocean Strategy," *Harvard Business Review*, Oct., 2004.

레드오션 전략이 기존 시장공간 안에서 경쟁자를 이기기 위한 전략이라면, 블루오션 전략은 경쟁자가 없는 새로운 시장공간을 창출하여 경쟁을 무의미하게 하는 전략을 말한다.

2. 구조 vs. 전략

김위찬과 마보안(R. Mauborgne)은 주로 자신이 속한 산업이나 사업환경 등 구조에 의해서 경영전략이 결정된다는 기존의 구조주의적(structuralist) 접근 방법에 반박하여, 전략이 구조를 형성할 수 있다는 재건주의적(reconstructionist) 방식을 제안하였다.

구조주의 접근 방법은 외부환경에 의해 자신의 의사결정이 결정된다는 결정론적 세계관에 근거하지만, 수많은 사례가 이와 달리 전략에 의해 외부환경이 결정되기도 하는 현상에 주목하였다. 이를 블루오션이라 하면서 이는 개개인 혹은 개별 조직의 생각이나 행동이 경제산업환경을 형성함을 요체로 한다.

특히, 외부환경의 불확실성이 높고 우호적이지 않은 위기일수록 혁신적인 새로운 시장 형성을 위한 재건주의적 접근 방법이 더 효과적일 수 있음을 강조한다. 주목할 점은 이를 위한 선택기준을 제시하였는데 바로 '전략적 마음가짐(mind-set)'이다.

전략적 마음가짐은 블루오션이라는 혁신적 신시장을 온전하게 개발함에 일조하는 것으로 그 구체적인 내용은 다음과 같은 세 가지 제안을 규정하여 정렬하는 과정에서 정립될 수 있다.

- 가치 제안: 구매자를 유인하기 위한 제안
- 수익 제안: 가치 제안을 통해 수익을 확보하게 하는 제안

- 인재 제안: 직원이나 관련 인력들이 해당 전략을 실행하도록 자극하는 제안

각 제안은 다음과 같은 X, Y축 상의 전략적 움직임(strategic move)이라는 그래프의 형태로 표현될 수 있는데, X축은 경쟁 요소들을 나열하고 Y축은 각 경쟁 요소들의 제공수준의 높낮음을 표현한다. 이를 김위찬 등은 전략 캔버스(strategy canvas)라고 하여 첫째, 이 위에 표현된 경쟁조직과의 전략적 움직임의 차별과 둘째, 각 제안별 전략적 움직임 간의 정렬을 통해 블루오션을 확인한다.[2]

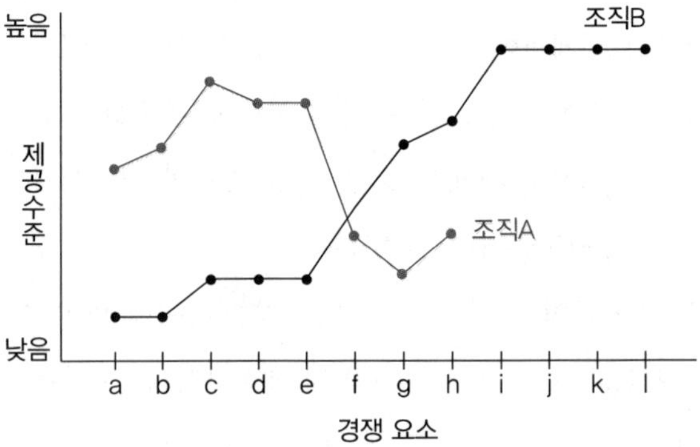

〈전략 캔버스〉

- 전략 캔버스: 경쟁이 없는 시장을 찾아내기 위한 도구로 해당 산업의 경쟁 요소를 가로축으로 하고, 해당 조직의 경쟁수준을 세

2 시장에서 당연한 것으로 받아들이는 요소 가운데 제거해야 할 제거(eliminate) 요소와 품질 또는 서비스의 기준을 업계의 표준 이하로 내려야 할 감소(reduce) 요소, 업계가 아직 한 번도 제공하지 못한 것 중 창조해야 할 창조(create) 요소 및 업계의 표준 이상으로 올려야 할 증가(raise) 요소를 찾아 고객이 진정으로 원하는 것이 무엇인지를 밝혀내어 소비자 가치 요소를 재구성하는 전략, 즉 새로운 가치 곡선을 도출한다.

로축으로 하여 조직의 전략을 하나의 꺾은선 그래프 형태로 나타낸 것.

위와 같은 전략 캔버스가 가치 제안, 수익 제안, 인재 제안별로 그려지게 된다. 예시에서는 a부터 l까지 총 12개의 경쟁 요소가 표시되어 있으며, 각 경쟁 요소별 제공수준의 높낮이별로 조직 A, B의 전략적 이동 그래프가 표시되어 있다. 조직 B의 입장에서 보면, 경쟁 요소 a~e는 상대조직인 조직 A보다 낮은 수준이나 경쟁 요소 f~h는 높은 수준을 제공하고 있으며, 경쟁 요소 i~l은 경쟁조직이 제공하지 않는 요소를 제공하는 형태로 차별적인 움직임을 보이고 있다.

새로운 시장인 블루오션을 개척하기 위한 마음가짐은 이상과 같은 차별적인 움직임이 가치, 수익 및 인재별로 서로 정렬을 이룰 수 있음을 확인함을 통해 가능해질 것이다.

이상의 재건주의에 입각한 블루오션 관점이 사회적 경영전략에서 중요한 이유는 사회적 시장이 블루오션의 성격을 갖고 있다는 측면 외에도 블루오션의 근원과 지속적인 고실적의 근원을 찾는 최상의 분석단위는 기업도 산업도 아닌 시장창출을 위한 경영실행과 결정을 의미하는 전략적 이동(strategic move)이라는 점에 있다. 즉, 나의 경쟁자는 산업이 같은 업종이나 지리적으로 가까운 곳에 위치한 기업도 아닌 나와 유사한 전략적 이동을 가진 조직이라는 뜻이다. 이러한 시각은 레드오션에 빠져 성장기회를 잃어버린 기존 기업들에게 시사하는 바가 크다 하겠다.[3]

3 W. Kim and R. Mauborgne(강혜구 역), 블루오션 전략, 교보문고, 2005.

3. 전략결정

경쟁우위의 전략을 선정하려면 먼저 자신의 강점과 약점을 확인하여야 한다. 그리고 그 각각의 강·약점에 대해 경쟁적 적합성(competitive relevance)을 평가해야 한다. 마지막으로 평가된 결과를 통해 경쟁우위적 요소를 확인하면, 이에 자신의 자원과 역량 및 능력을 집중할 수 있게 되는 것이다.

조직의 강점은 가치(value)가 있어야 하고 희귀(rare)해야 한다. 또한 모방(limitable)이 어려워야 하고, 경쟁우위를 창조하기 위해 지속적(sustainable)이어야 비로소 강점이라 할 수 있다.

따라서 다음과 같은 물음을 통해 자신의 강점이 과연 경쟁력을 보유하고 있는지 평가할 수 있다.

- 가치: 조직이 보유한 자원, 역량 및 능력은 고객에게 가치가 있는 것인가. (예/아니오)
- 희귀성: 조직이 보유한 자원, 역량 및 능력은 경쟁자에 비해 유일하게 소유하고 있는가. (예/아니오)
- 모방성: 조직이 보유한 자원, 역량 및 능력은 모방되기 쉬운가. (예/아니오)
- 지속가능성: 조직이 보유한 자원, 역량 및 능력은 시간이 지난 후에도 유지될 수 있는가. (예/아니오)

이상의 질문에서 높은 가치를 갖고 있고, 희귀하며, 쉽게 모방되지 않으며, 오래 지속될 수 있는 자원과 역량 및 능력을 보유하였다면,

이는 강력한 경쟁우위에 있는 장점이라 하겠다. 반대로 가치가 낮고 흔하며 모방하기 쉽고 오래 지속하지 못할 자원, 역량 및 능력을 보유하였다면 이는 가장 큰 단점이 될 것이다.

Chapter 10
임팩트 성과관리와 지속가능경영보고서

01 임팩트 성과관리

1. 개요

균형성과표(Balanced Scorecard: BSC)는 카플란(R. Kaplan)과 노튼(D. Norton)에 의해 창안된 것으로, 전체 조직의 비전과 전략으로부터 도출된 다양한 관점의 균형 잡힌 성과평가지표를 조직단위 및 개인별로 명확히 연계시킨 성과측정시스템이면서 동시에 전략실행을 촉진하는 전략경영시스템이다. 동일 비전 및 전략실행을 위해 조직의 최고경영층으로부터 부서 및 개인에 이르기까지 연동하고 정렬하여 전 구성원간 원활한 의사소통의 역할까지 수행하고 있다.

기존의 성과측정시스템이 주로 재무적 지표에 의존함에 따른 제반 한계를 극복하기 위하여 고객, 내부 경영 과정, 학습 및 성장 관점에서의 성과 등 비재무적 지표를 통합한 전략적 성과평가시스템으로 오늘날 변화관리를 위한 전략경영기법으로 발전하고 있다.

따라서 BSC는 성과관리체계의 근간을 유지하면서 균형적 성과표를 통해 재무적 측면에서의 가치 있는 주주(valued shareholder) 외에도 만족한 고객(satisfied customer), 효과적인 내부 프로세스(effective internal process), 동기부여 되고 준비된 직원(motivated and prepared workforce) 등 비재무적 측면까지 포함한 전략적 성과관리체계라 할 수 있다.

평가를 바라보는 균형된 시각과 사고는 다음과 같은 균형된 관점으로 형성될 수 있다.

- 과거 바라보기(looking back): 조직의 수익과 성장, 주주의 가치와 관련된 지표 포함.
- 조직 밖을 통해 안을 바라보기(looking from the outside in): 고객가치를 창출하는 방식, 이러한 가치에 대한 고객의 요구를 만족시킬 수 있는 방법, 고객들이 그 가치에 대해 비용을 지급하고자 하는 이유 등에 대해 심도 있는 지표 포함.
- 조직 안을 통해 밖을 바라보기(looking from the inside out): 경영관리 측면에서 필요한 업무절차, 의사결정, 조직 등의 성과향상을 측정하기 위한 지표 포함.
- 미래 바라보기(looking ahead): 조직의 가치창출과 관련된 혁신(innovation)의 능력을 나타내는 것으로 조직원의 역량과 시스템의 역량, 그리고 동기부여 및 권한위임과 같은 조직문화 등 조직역량의 강화를 토대로 조직원의 만족도, 유지도, 생산성을 측정하기 위한 지표 포함.

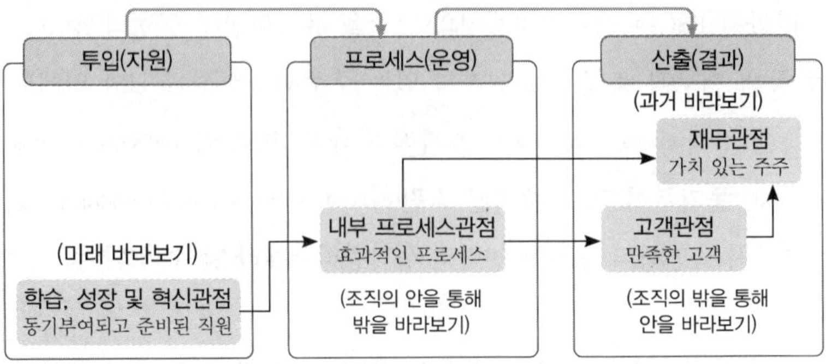

〈관점 간의 균형〉

2. CSF와 KPI 설정

성과는 조직의 성과를 말한다. 당연한 이야기이지만 성과가 하위 부서나 개인의 성과로만 한정되어 관리될 경우 부서와 개인은 성과를 창출하면서도 조직은 그러지 못하는 경우가 흔히 일어난다.

그 근본적인 이유는 성과를 전체 조직 차원에서 관리하지 못하기 때문으로, 이를 쉽게 말하면 성과창출의 저해 요소인, 이른바 병목지점을 찾지 못해 이를 관리할 수 없기 때문이다. 조직은 다양한 지름을 가진 파이프의 연결과 같고, 조직의 성과는 그 속에 흐르는 물의 양으로 측정될 수 있다. 흐르는 물의 양은 지름이 가장 작은 파이프에 의해 제한된다. 이곳이 병목지점이다. 이 지점의 지름만 크게 하는 것이 성과관리의 핵심이 되어야 한다. 심지어 지름이 너무 큰 파이프는 그 크기를 줄여도 된다.

이렇게 관리의 대상을 전체의 목표를 달성하는 데 가장 영향이 큰 요인인 제약 요인을 찾아 이를 집중적으로 개선하고 조직 내 모든 의사결정을 취약부분, 즉 병목(bottleneck)이라고 불리는 제약조건에 초점을 두어 이를 지속적으로 개선하여 시스템의 성과를 향상시키고자 하는 기법을 제약이론(theory of constraint: TOC)이라 한다. 골드랫(A. Goldratt)

에 의해 개발된 경영관리 접근법으로 경영시스템의 성과를 제한하고 제약하는 요소인 시스템의 제약에 초점을 맞춘 경영관리 철학이다.

본서는 이에 근거하여 실제 경영성과를 관리하기 위해 핵심성공요인(CSF)과 핵심성과지표(KPI)에 초점을 두고자 한다. 핵심성공요인은 조직이 설정한 전략이 성공적으로 수행되는 데 필요한 요인을 나타낸 것이며, 핵심성과지표는 핵심성공요인을 관리하는 구체화된 측정지표이다.

핵심성과지표가 가져야 할 요건은 다음과 같다.

- 측정 가능(measurable)
- 올바른 행동의 유도(action-enabling)
- 쉬운 이해(knowable)
- 용이한 목표설정(easy to set target)
- 관점별 지표 간 균형(balanced)
- 통제 가능(controlling)

이 핵심성과지표를 조직 전체단위에서 부문단위, 부서단위, 개인단위에 이르기까지 체계적으로 세분화하여 각 단위에서 관리하도록 하는 것이 성과관리의 요체이다.

3. 관점별 인과관계 형성

BSC의 관점 간 균형은 인과관계를 형성한다. 즉, 학습과 성장 관점에서 직원의 숙련도는 내부 프로세스 관점에서 프로세스의 품질과 프로세스의 소요시간에 영향을 미치게 되며, 이는 서비스의 정시전달

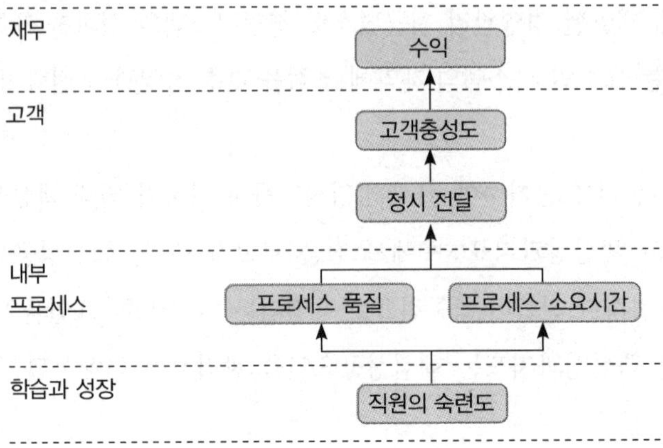

〈관점별 인과관계의 예시〉

자료: R. S. Kaplan and D. P. Norton, *The Balanced Scorecard*, MA: Harvard Business School Press, 1996.

을 가능하도록 하여 고객충성도를 이끌어내면서 고객 관점에 영향을 미치게 된다. 결국 충성된 고객의 확보는 재무 관점에서 자본수익률을 높이게 될 것이다.

관점 간의 인과관계 형성은 성과관리에서 매우 중요한 측면인 모니터링을 통한 과정평가를 가능하게 한다는 강점이 있다. 과정에 대한 이해 없이는 지속적으로 원하는 결과를 달성할 수 없으며, 결과와 연결되지 않는 개선 노력은 조직의 자원낭비를 초래하게 된다.[1]

4. 전략맵과 임팩트

전략맵 또는 전략지도(strategy map)는 조직 내 학습과 성장 관점의 무형자산이 전략을 통해 어떻게 가치창출 프로세스로 연결되는지를 나타내고 있는데 일반적으로 핵심성공 요인을 중심으로 표현한다.

1 D. Parmenter, *Key Performance Indicators: Developing, Implementing, and Using Winning KPIs*, NJ: John Wiley & Sons, 2010.

재무 관점은 전략에 의해 발생하는 유형적 성과를 나타내며, 고객 관점은 목표 고객층에 대해 어떻게 방문을 이끌어내고 제공하는 의료서비스에 대해 어떻게 신뢰하게 할지에 대해 명료화한다. 또한 내부 프로세스 관점은 고객의 충성도를 이끌어내기 위한 핵심프로세스를 도출하며, 학습과 성장 관점은 전략 실행에 있어 가장 중요한 무형자산을 정의한다. 즉, 내부프로세스를 지원하기 위한 스탭과 직원과 같은 인적자산과 병원정보시스템의 정보자산 및 근무환경과 같은 조직자산 등을 파악한다.

이렇게 이상의 네 가지 관점은 모두 고객가치창출을 위해 일심동체의 경영체가 되도록 정렬되어야 한다. 즉, 전략맵은 '어떻게, 누구를 위하여 가치를 창출할 것인가'에 대한 질문에 명확한 답을 제시하도록 표현되어야 한다.

이 경우 재무 관점의 핵심성공 요인은 수익의 창출이며 이를 측정하기 위한 핵심성과지표를 의료수익률과 의료이익률로 설정하였다. 이렇게 관점별로 전략 과제인 핵심성공요인을 인과관계로 나타낸 것이 전략맵이다.

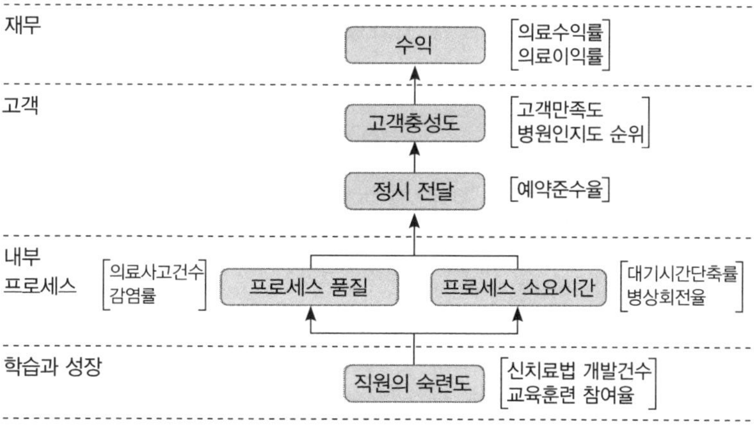

〈전략맵 예시〉

전략맵을 통해 전사 성과관리도를 작성할 수 있다. 전사 성과관리도에는 성과관리 관점, 핵심성공요인, 핵심성과지표, 핵심성과지표 간 가중치와 이의 산출식, 평가척도 등을 명시해 놓게 된다. 이는 전 조직원으로 하여금 성과관리가 구체적으로 어떻게 전개되는지를 알 수 있게 하며, 조직 내 의사소통의 역할도 수행하게 된다.

로버트 캐플란(Robert Kaplan)과 데이비드 맥밀런(David McMillan)은 전

전사 성과관리도 예시

관점	핵심성공요인 (CSF)	핵심성과지표 (KPI)	가중치	산출식	평가척도		
					A (1.0)	B (0.8)	C (0.6)
재무	수익 창출	의료 수익률	20	(금년실적/목표) × 100	100% 이상	~90%	~80%
		의료 이익률	10	(금년실적/목표) × 100			
고객	고객 충성도	고객 만족도	10	(금년실적 - 전년실적)/(목표 - 전년실적) × 100			
		병원인지도 순위	5	(금년실적 - 전년실적)/(목표 - 전년실적) × 100			
	정시 전달	예약 준수율	5	(금년실적/목표) × 100			
내부 프로세스	프로세스 품질	의료사고 건수	10	(금년실적/목표) × 100			
		감염률	5	(금년실적/목표) × 100			
	프로세스 소요시간	대기시간 단축률	10	(금년실적/목표) × 100			
		병상 회전율	10	(금년실적/목표) × 100			
성장과 학습	직원 숙련도	신치료법 개발건수	10	(금년실적/목표) × 100			
		교육훈련 참여율	5	(금년실적/목표) × 100			

통적인 BSC의 관점을 재정의하여 다중 이해관계자들인 기업, 환경 및 사회 간의 협력적 가치창출을 위해 경제적, 환경적, 사회적 성과를 포함한 전략맵을 소개하고 있다.

다음은 지속가능하고 포괄적인 코코아 공급망을 조성하려고 하는 인도네시아 리아우(Riau)주의 코코아 에코 시스템의 전략맵으로, 주어진 환경에 맞게 다양하게 변형하여 활용할 수 있음을 보여준다. 기존

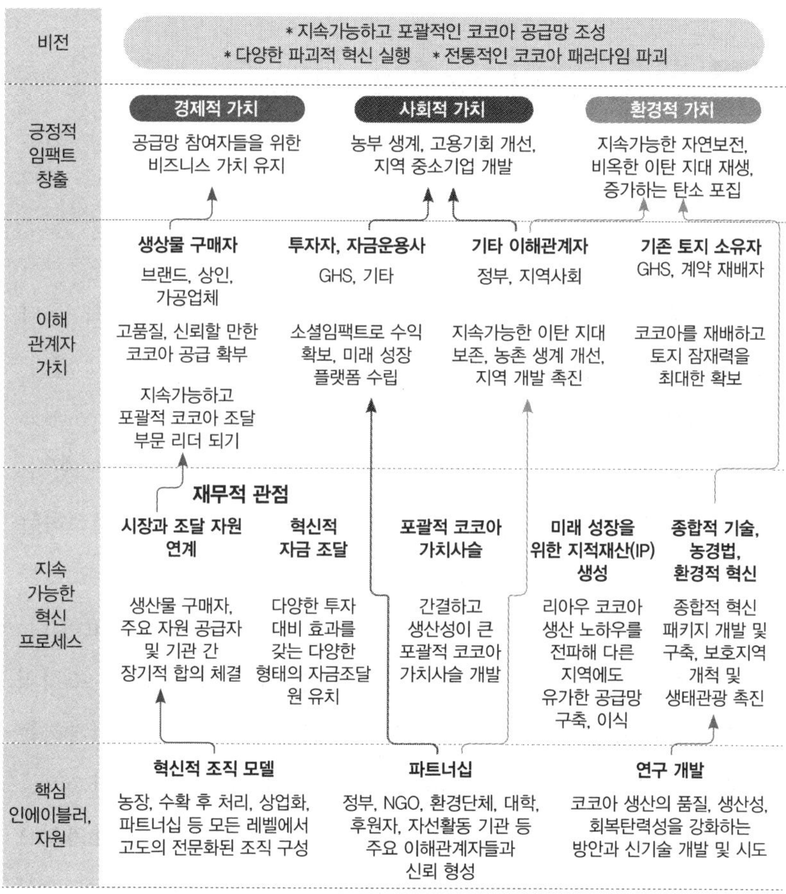

〈임팩트 비즈니스의 전략맵〉

자료: Kaplan, R. and D. McMillan (2021).

의 학습과 성장 관점을 참가자의 다양한 기능을 반영해 인에이블러(enabler)로 표현하였으며, 고객 관점 또한 다양한 이해관계자의 공동 책임을 강조하기 위해 이해관계자 가치를 명시하고 있다. 특히, 재무적 성과 관점을 경제, 사회, 환경적 측면으로 구분된 임팩트의 긍정적 측면으로 명시함으로써 균형성과표의 직관적이고 확대된 비즈니스의 역할을 반영하고 있다.

02 사회적 가치의 측정과 지속가능경영보고서

1. 사회적 가치의 측정

1) 이유

사회적 가치를 창출하는 국내외 기업, 공공기관, 비영리 조직 등 다양한 주체에서 사회적 가치 측정에 대한 요구가 점차 증가하고 있다. 이는 자본시장에서 의사결정의 중요한 기준으로 떠오른 ESG(Environmental, Social, and Governance)의 영향으로 그 중요성이 더욱 커지고 있다. ESG는 환경, 사회, 지배구조와 관련한 성과를 종합적으로 고려하는 접근 방식으로, 사회적 가치를 객관적으로 평가하고 이를 기반으로 투자 및 경영 전략을 수립하는 데 있어 필수적인 요소로 자리 잡고 있다.

사회적 가치 측정은 단순히 성과를 정량화하는 것을 넘어, 조직의 목적과 전략이 사회적 목표와 얼마나 잘 정렬되어 있는지를 평가하는 중요한 도구가 된다. 이를 통해 조직은 내부와 외부의 이해관계자들과 투명하게 소통하며, 자신들이 창출하는 사회적 영향력을 효과적으로 관리할 수 있다. 나아가 이러한 측정은 조직의 지속가능성을 강화하는 데 필수적인 역할을 한다.

이러한 사회적 가치 측정은 해외와 국내 모두에서 활발하게 시도되고 있다. 사회적 및 환경적 영향을 관리하고 이를 투자 의사결정에 통합하려는 투자자들을 위한 플랫폼인 Impact Frontiers는 3,000명 이상의 기업, 투자자, 전문가들로 구성된 실무자 커뮤니티를 조직하여 임팩트 관리(긍정적 및 부정적 영향을 측정, 개선, 공개하는 방법)에 대한 글로벌 합의를 구축해 왔다. 이 플랫폼은 투자자와 기업이 자신들의 임팩트를 이해하고 관리할 수 있는 논리적 틀과 도구를 제공한다.

사회적가치연구원이 발간한 '사회적 가치는 어떻게 측정하는가 – 화폐적 측정기법 랜드스케이프'에서는 **사회적 가치를 측정해야 하는 이유**를 다음과 같이 제시하고 있다.[2]

1. 시장 실패 해결의 관점

인간이 필요로 하는 가치는 시장에서 효율적으로 거래되지만, 사회적 가치는 구조적 시장 실패로 인해 충분히 공급되지 못한다. 이는 재화 및 서비스 시장, 자본 시장, 노동 시장의 가격 기구가 사회적 가치를 반영하지 못하기 때문이다. 사회적 가치를 측정하면 시장의 가격 기구에 사회적 가치를 반영할 수 있어, 자원의 효율적 배분을 통해 사회문제를 효과적으로 해결할 수 있다.

2. ESG 자본시장의 관점

ESG는 자본시장에서 새로운 의사결정 기준으로 자리 잡았다. ESG 투자자는 기업의 재무 성과뿐만 아니라 사회 및 환경 성과가 우수하고, 지배구조가 건전한 기업을 선호한다. 따라서 기업은 사회적 가치를 측정하여 투자자들에게 ESG 성과 정보를 제공해야 한다. 지속가

2 라준영 외 (2023).

능성 보고서, 사회 환경 보고서, 기후 보고서 등은 기업 활동의 환경 및 사회 성과를 측정하여 ESG 투자자에게 유용한 정보를 제공하는 도구로 활용된다. 자본시장에서는 TBL(Triple Bottom Line) 또는 ESG 형태로 사회적 가치를 구분해 측정하고 보고하는 다양한 가이드라인과 방법론이 널리 사용되고 있다.

3. 임팩트 경제의 관점

임팩트 경제는 심각한 사회문제를 혁신적이고 대규모로 해결하기 위해 영리기업, 사회적 기업, 비영리조직, 그리고 이들을 지원하는 투자자와 공공부문이 협력하는 생태계를 의미한다. 이러한 조직들은 임팩트를 의사결정 및 운영 관리의 핵심 기준으로 삼는다. 임팩트는 증거에 기반하여 측정 가능해야 하며, 사회적 가치를 측정함으로써 실제 발생한 임팩트를 계량화하고 이를 관리 및 개선할 수 있다.

4. 이해관계자 관점

현대 기업은 다양한 이해관계자 간 계약의 결합체로 구성되며, 모든 이해관계자는 기업 활동이 자신에게 미친 영향을 설명받을 권리가 있다. 사회적 가치를 측정함으로써 기업은 이해관계자별로 발생한 편익과 비용을 구체적으로 보고할 수 있으며, 이를 통해 이해관계자들에게 필요한 정보를 충분히 제공할 수 있다.

5. 기업 성과 관리 관점

ESG와 기후변화 시대를 맞아, 기업은 지속가능성의 TBL(경제적, 환경적, 사회적 성과)을 새로운 목표로 삼고 있다. 기업의 전략경영은 이러한 목표를 달성하기 위해 사업 전략과 가치사슬을 재구성하는 방식으로 진화하고 있다. 사회적 가치 측정은 기업이 사회 및 환경 성과를 효과적으로 관리할 수 있도록 돕는 인프라로 기능하며, 지속가능성을 기반으로 한 경영의 필수 요소가 되고 있다.

2. 사회적 가치 측정 방법

1) 원리기반 접근법

원리기반 사회적 가치 측정은 기업이 만들어내고자 하는 변화를 구체적으로 설계하고 평가하기 위해 변화이론(Theory of Change)을 활용하는 데서 시작한다. 변화이론은 특정한 맥락에서 원하는 변화가 어떻게, 그리고 왜 발생할 것으로 기대되는지를 포괄적으로 설명하고 시각화하는 개념이다. 이를 통해 기업은 목표로 하는 변화를 체계적으로 설계하고, 이를 시각적으로 명확히 표현할 수 있다. 이러한 과정은 곧 무엇을 측정할 것인지 명확히 정의하는 첫걸음이 된다.

사업 내용을 분석하고 변화이론을 그려낼 수 있다면, 이를 바탕으로 구체적인 지표와 산식을 설정할 수 있다. 이후 데이터 수집 과정을 통해 측정된 결과를 기반으로 성과를 평가하고, 목표 달성 여부를 점검하게 된다. 변화이론은 단순히 변화를 예측하는 데 그치지 않고, 측정과 평가의 모든 단계에서 기업의 전략적 방향성을 제시하는 핵심 도구로 기능한다.

2) 규칙기반 접근법

사업의 특성에 맞는 사회성과를 나타내는 측정 지표를 선정하고, 이를 기반으로 사회적 가치를 측정하는 방법은 객관성과 비교 가능성이 높다는 장점이 있다. 표준화된 지표를 사용함으로써 사업 간 성과를 비교하거나 평가할 때 유용하며, 투자자와 이해관계자 간의 신뢰를 구축하는 데 기여한다.

대표적인 사례로는 IRIS Catalog Metrics가 있다. 이 도구는 18개의 사회문제 영역별 지표를 제공하며, 다양한 사업에서 활용할 수 있도록 표준화된 지표를 제시한다. 그러나 이러한 접근 방식은 사업의 맥락과 다양성을 충분히 반영하지 못할 수 있다는 한계도 가지고 있다. 사업의 고유한 특성과 지역적, 문화적 차이를 반영하려면 표준화된 지표 외에도 추가적인 설명과 맥락적 분석이 필요하다.

3) 사회적 가치의 화폐화 측정

사회적 가치를 측정하는 방법은 크게 정성적 측정과 정량적 측정으로 나눌 수 있다. 정량적 측정은 화폐화 여부에 따라 화폐화 방식과 비화폐화 방식으로 구분되며, 정성적 측정은 점수화 여부에 따라 점수형 방식과 비점수형 방식으로 나뉜다.

특히 화폐화 방식은 사회성과를 경제 활동의 언어로 표현하기 때문에 가치의 크기를 판단하거나 재무정보와 통합하기 용이하다는 장점을 가진다. 이러한 화폐화는 재무적 대용치(financial proxy)의 도움을 받아 이루어진다. 정량화된 사회성과에 적절한 재무적 대용치를 곱하면 화폐가치 값을 도출할 수 있어, 이를 통해 기업은 성과를 보다 명확하게 평가할 수 있다.

이 접근법은 ESG 자본시장에서 투자자들에게 중요한 역할을 한다. 투자자들은 재무 및 비재무 통합성과 정보를 활용해 보다 정교한 투자 의사결정을 내릴 수 있으며, 최근 IFRS(국제회계기준)를 중심으로 강화되고 있는 비재무성과의 재무적 중대성(financial materiality) 정보 역시 화폐화 방식을 통해 분석이 용이해진다.

화폐화 측정은 사회적 가치와 경제적 가치를 연결하여 기업의 지속가능성과 사회적 기여를 체계적으로 평가할 수 있게 한다. 이러한 과정은 목적 설정, 정의, 측정, 평가의 네 가지 주요 단계를 거쳐 이루어진다.[3]

첫 번째 단계는 목적으로, 측정의 목적을 설정하고 측정 범위를 명확히 정의하는 것이다. 이 과정에서는 측정의 목표와 기대되는 결과를 구체화하고, 측정이 적용될 대상과 영역을 설정한다.

두 번째 단계는 정의로, 측정에 필요한 요소를 구체적으로 규정하는 과정이다. 여기에서는 측정 대상과 관련된 주요 이해관계자를 파악하고 정의하며, 측정하고자 하는 성과를 명확히 규정한다. 이러한 정의 과정을 통해 측정의 방향성과 초점이 정해진다.

세 번째 단계는 측정이다. 이 단계에서는 데이터를 수집하고 분석하기 위한 방법론을 개발하고, 수집된 데이터를 활용하여 성과를 계산한다. 측정방법 개발, 데이터 수집, 성과 계산은 모든 측정 활동의 핵심을 이루며, 신뢰할 수 있는 결과를 도출하기 위해 체계적으로 수행되어야 한다.

마지막으로, **네 번째 단계는 평가이다.** 이 단계에서는 성과를 평가하고 결과를 활용하기 위한 방안을 모색한다. 평가 결과는 조직의 활동과 전략을 개선하고, 미래의 계획을 수립하는 데 중요한 기초 자료로 활용된다.

3 사회적가치 연구원, 사회적 가치는 어떻게 측정하는가, 2023, pp.9~23

화폐화 측정의 표준식
기업활동의 사회적 가치(₩) =   {단위당SV값(S) − 베이스라인(B)} × 화폐화계수(P) × 활동량(A) × 기여도(C)

- S: 기업활동 한 단위당 창출한 사회적 가치(SV)의 정량값
- B: 사회적 가치의 추가성을 판단하는 기초 상태값
- P: 정량 성과를 화폐가치로 환산하는 가격계수
- A: 단위 기간당 사회적 가치창출 관련 활동량
- C: 창출한 사회적 가치에 대한 기업활동의 기여율

3. 사회적 가치 측정 도구

투자의 영향을 측정하는 것은 책임성과 투명성을 보장하는 데 매우 중요하다. 임팩트 투자의 사회적, 환경적 결과를 평가하기 위해 다양한 프레임워크와 지표가 사용되고 있는데 그 대표적인 것으로 앞에서 살펴본 UN 지속가능발전목표(SDGs), 환경, 사회, 거버넌스(ESG) 기준과 함께 사회적 투자 수익률(SROI), 영향 보고 및 투자 표준(IRIS), 임팩트 관리 프로젝트(IMP) 등이 있다.

1) 사회적 투자 수익률(SROI)

비영리 섹터에서는 기업의 투자 수익률(ROI) 개념을 바탕으로 사회적 투자의 수익률을 측정하는 SROI(Social Return on Investment) 방법론을 보급하고 있다. SROI는 기업 활동이나 프로젝트가 창출하는 사회적, 환경적 가치를 정량화하고, 이를 투자 성과와 연결하여 평가할 수 있도록 돕는다.

SROI 분석의 핵심은 화폐화된 사회성과를 투입 예산으로 나누어

결과를 비율로 도출하는 것이다. 이 비율은 투입 대비 성과를 직관적으로 보여주며, 사회적 가치를 경제적 관점에서 평가할 수 있는 중요한 지표로 작용한다.

미국의 비영리 재단인 REDF(Roberts Enterprise Development Fund)와 Jed Emerson이 개발한 SROI는 7가지 가치 원칙에 기반을 두고 있으며, 이를 실현하기 위해 6단계의 분석 절차를 따른다. 이러한 구조적 접근은 조직이 창출하는 사회적 가치의 크기를 명확히 파악하고, 이를 투자자와 이해관계자와의 소통에 효과적으로 활용할 수 있도록 돕는다.

〈SROI의 7가지 원칙〉

1. 이해관계자를 참여시킨다.
2. 변화사항에 대해 이해한다.
3. 변화사항을 가치화한다.
4. 오로지 중요한 것들을 포함한다.
5. 과대 산정하지 않는다.
6. 투명해야 한다.
8. 결과를 검증해야한다.

(1) SROI의 분석 6단계

첫 번째로, 범위 설정과 핵심 이해관계자 확인이 필요하다. SROI 분석을 수행할 범위와 그 과정에 참여할 이해관계자를 명확히 정의하고, 그들의 역할과 참여 방식을 설정해야 한다. 이를 통해 분석의 초점과 경계를 명확히 할 수 있다.

두 번째 단계는 결과물 맵핑이다. 이 단계에서는 이해관계자들과 협력하여 투입물(inputs), 산출물(outputs), 결과물(outcomes) 간의 관계를 보여주는 영향력 지도(Impact Map)나 변화이론(Theory of Change)을 개발한다. 이를 통해 활동이 결과로 이어지는 과정을 체계적으로 시각화할 수 있다.

세 번째 단계는 결과물을 명시하고 가치 매기기이다. 결과물이 실제로 발생했는지 여부를 입증할 수 있는 데이터를 수집하고, 이를 기반으로 결과물의 가치를 산정한다. 이 단계는 결과물의 구체성을 확보하고, 가치를 객관적으로 평가하는 데 중요한 역할을 한다.

네 번째 단계는 영향력 확정하기이다. 수집된 증거와 화폐화된 가치를 기반으로 결과물이 실제로 활동의 영향을 통해 발생했는지, 아니면 다른 요인에 의한 것인지를 구분한다. 이 과정에서 활동과 관련 없는 결과는 분석 대상에서 제외한다.

다섯 번째 단계는 SROI 산출하기이다. 모든 편익을 합산하고 부정적인 요인을 공제하며, 투자 대비 결과를 비교하여 SROI 비율을 계산한다. 또한, 결과의 민감도를 검토해 분석의 신뢰성을 높인다.

마지막으로, 보고 및 활용, 그리고 내재화 단계가 있다. SROI 분석 결과를 보고하고, 조직 내외부에서 활용하며, 분석 결과를 이해관계자들에게 공유하고, 피드백을 통해 조직의 의사결정과 전략에 반영하는 과정이다.[4]

2) 영향 보고 및 투자 표준(IRIS+)

IRIS+는 투자 포트폴리오의 성과를 체계적으로 지표화하고, 이를 통해 사회적 가치를 기술하며 커뮤니케이션하는 데 활용되는 지표이

4 UK Cabinet Office, The Guide to SROI, 2009.

다. 이 시스템은 사회적 및 환경적 가치를 정리하고 논의할 때 공통된 양식과 언어를 사용하자는 취지로 만들어졌다. 특히, 사회적 기업이 자신의 비즈니스 특성에 맞게 적합한 성과 지표를 선택할 수 있도록 풍부한 라이브러리를 제공한다.

IRIS+는 2008년 록펠러 재단, 어큐먼 펀드, B랩의 주도로 초안이 만들어지면서 시작되었으며, 현재는 록팰러 재단과 JP모건의 지원으로 설립된 글로벌 임팩트 투자 네트워크(Global Impact Investment Network, GIIN)에서 관리 및 발전시키고 있다.

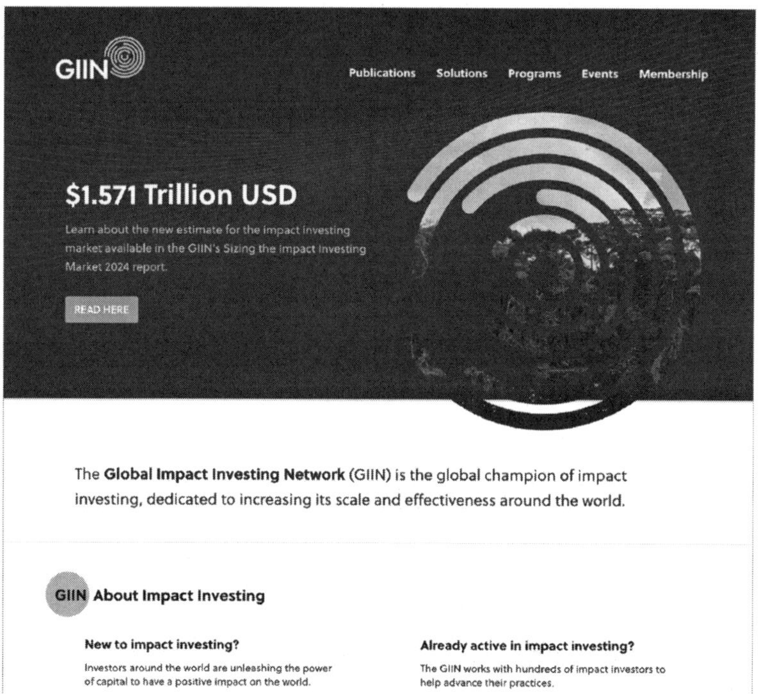

〈GIIN 홈페이지〉
출처: https://thegin.org

IRIS+는 분야별 핵심 지표(Core Metrics Sets)를 제시하고, 다양한 글로벌 프레임워크(SDGs, GRI Standards, SASB Standards 등)와 연계함으로써 사회적 가치 측정의 효율성을 높이고 있다.

기존 IRIS는 사회적·환경적 성과를 측정하기 위한 개별 지표들의 집합에 가까웠다면, IRIS+는 이를 한 단계 발전시켜 핵심지표(Core Metrics Sets)를 분야별로 조직화하였다. 즉, IRIS+에서는 특정 투자 분야나 전략에 맞게 필수적으로 활용할 수 있는 표준 지표 집합을 제시하고, 추가적인 지표나 방법론을 선택적으로 결합할 수 있도록 하여 활용 범위를 크게 확장하였다.

IRIS+는 다음과 같은 기능을 제공한다:

1. SDG나 공통 영향 범주에 따라 영향력 목표를 설정하는 공통적인 방법
2. 공통 영향력 목표를 특정 결과와 연결하는 내장된 증거 기반
3. 엄선된 최고 수준의 제3자 리소스
4. 영향력 측정 및 관리 관행을 발전시키기 위한 실용적인 지침

IRIS+는 사회적 가치를 객관적으로 측정하고 관리하는 도구일 뿐만 아니라, 사회혁신 벤처와 투자자 간의 효과적인 커뮤니케이션을 가능하게 하는 공통 언어로 자리 잡고 있다. 이를 통해 기업과 투자자는 자신들의 성과를 명확히 이해하고, 더 나아가 사회적 임팩트를 극대화하기 위한 전략을 수립할 수 있다.

IRIS+는 기존 IRIS와 달리 SDGs(지속가능발전목표), GRI(Global Reporting Initiative), SASB(Sustainability Accounting Standards Board) 등 글로벌 표준 프레임워크와 더욱 긴밀하게 정렬되어 있다. 이를 통해 투자자와 기

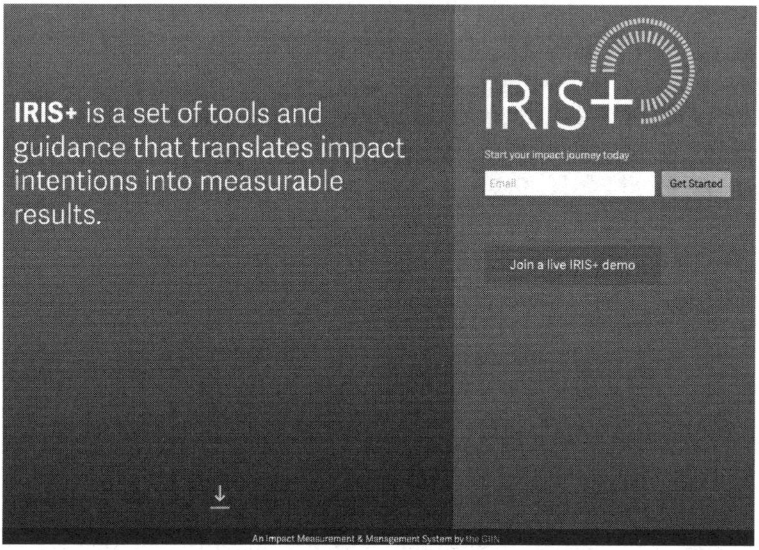

〈IRIS+ 홈페이지〉
출처: https://iris.thegiin.org

업들은 여러 국제 표준에 맞춘 성과 측정과 보고를 간소화할 수 있으며, 다양한 이해관계자들과의 의사소통이 한층 수월해졌다.

3) 임팩트 관리 프로젝트(IMP), Impact Frontiers: 임팩트와 투자를 연결하는 플랫폼

Impact Frontiers는 사회적 및 환경적 영향을 측정하고 이를 투자 의사결정에 통합하려는 투자자들을 위한 전문 플랫폼으로, 글로벌 임팩트 투자 생태계에서 중요한 역할을 하고 있다. 이 플랫폼은 투자자들이 임팩트를 체계적이고 정량적으로 관리할 수 있도록 돕는 다양한 도구와 표준화된 프레임워크를 제공한다. 특히, 투자자와 기업이 임팩트와 재무 성과를 통합적으로 평가하고 이를 바탕으로 더 나은 의사결정을 내릴 수 있도록 지원한다.

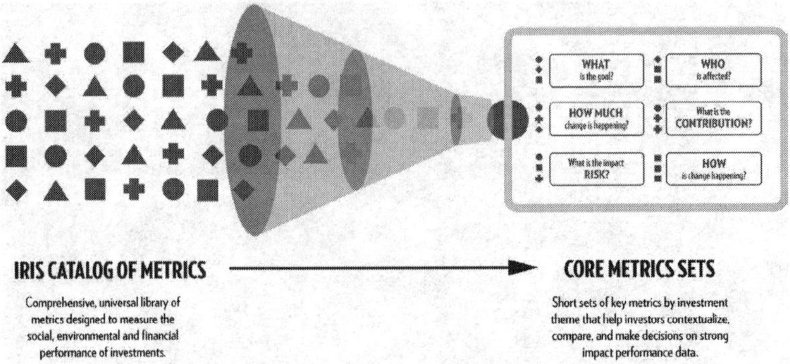

〈IRIS Core Metrics Sets〉
출처: https://iris.thegiin.org

Impact Frontiers의 기원은 Impact Management Project(IMP)에서 시작되었다. IMP는 2016년부터 2018년까지 3,000명 이상의 기업, 투자자, 전문가들이 참여한 Practitioner Community를 통해 글로벌 합의를 구축하고, 임팩트 관리의 기본 원칙과 접근법을 정리한 프로젝트였다. IMP는 임팩트를 체계적으로 측정하고 관리하는 글로벌 표준을 마련했으며, 2021년 종료와 함께 그 활동은 Impact Frontiers로 계승되어 현재까지 이어지고 있다.

Impact Frontiers는 단순히 지표와 도구를 제공하는 것을 넘어, 투자자와 기업들이 함께 학습하고 협력할 수 있는 글로벌 커뮤니티를 운영한다. 이를 통해 임팩트를 측정, 관리, 개선하기 위한 실제 사례와 노하우를 공유하며, 이를 기반으로 투자자들이 ESG(환경, 사회, 지배구조) 투자 의사결정에서 보다 정교한 전략을 수립할 수 있도록 돕는다.

Impact Frontiers의 주요 특징은 임팩트를 재무적 분석과 통합해 투자의 질을 높이는 데 있다. 이를 통해 지속가능한 비즈니스 모델을 구축하고, 사회적 가치를 창출하며, 투자자와 이해관계자 간의 신뢰

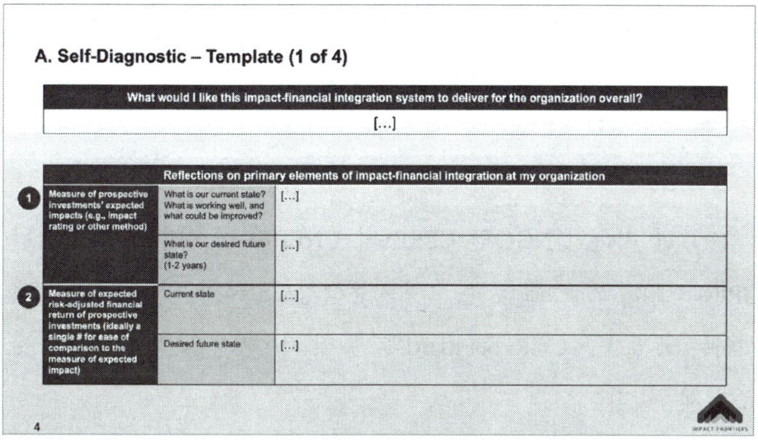

〈IMPACT FRONTIERS에서 제공하는 툴킷 예시〉

출처: https://impactfrontiers.org

를 강화하는 데 기여하고 있다.[5]

03 지속가능경영보고서

1. 작성 기준

오늘날 수많은 기업은 각자의 지속가능경영 활동 노력과 성과를 매년 '지속가능경영보고서'로 발표하고 있다. 지속가능경영보고서는 '우리 기업이 환경과 사회 문제에 대해 어떻게 책임을 다하고 있으며 이것이 우리 기업의 지속가능성에 어떠한 영향을 미치는지'를 담고 있다.

지속가능경영보고서를 작성하기 위한 기준으로는 GRI(Global Report-

5 IMPACT FRONTIERS, https://impactfrontiers.org/

ing Initiative), SASB(Sustainability Accounting Standards Board), TCFD(Task Force on Climate-related Financial Disclosures) 등이 있다.

1) GRI

1997년 미국의 NGO인 CERES와 UNEP가 중심이 되어 설립된 GRI(Global Reporting Initiative)는 지속가능경영보고서의 가이드라인을 제시하는 국제기구로 GRI Standards를 통해 지속가능성 평가를 위한 지표를 제공한다.

GRI는 여러 단계로 발전하여 2000년에 발표한 G1은 지속가능성 보고를 위한 최초의 국제적 기준이다. 이후 G2, G3, G4까지 수정, 보완되어 2016년에 이르러 오늘날 활용되고 있는 GRI Standards를 제시하였다. GRI Standards는 전 세계에 통용되는 지속가능경영 보고서의 국제 기준으로 경제, 환경, 사회 등 다양한 측면에서 기업의 영향을 다루고 있다. 주요 GRI Standards의 지표는 다음과 같다.

- 경제 성과, 구매 정책, 반부패, 세금 등
- 원재료 사용, 에너지, 용수, 생물다양성, 온실가스, 폐기물 등

〈GRI 표준〉

- 고용, 노사관계, 안전보건, 교육, 다양성 등

2) SASB

지속가능성 회계기준위원회(Sustainability Accounting Standards Board, SASB)는 투자자들에게 비교 가능한 비재무적 정보를 제공하고, 산업별로 중요한 ESG 이슈에 대한 기업 성과를 비교할 수 있도록 가이드라인을 제시하고 있다.

GRI처럼 보편적 분류 기준을 넘어 산업별로 해당 산업군 내에서 중요한 이슈가 될 가능성을 평가하고 같은 산업군 내 다른 기업과 비교 가능한 방식으로 데이터를 공개하고 있어 GRI보다 늦게 등장했지만 국제 지속가능성 보고 표준으로 급성장하고 있다.

SASB 기준은 2018년 11개 산업군과 77개 세부 산업별 표준으로 구성되어있다.

3) TCFD

2015년에 발족된 기후관련 재무정보공개 태스크포스((Task Force on Climate-related Financial Disclosures, TCFD)는 기후 위기가 기업에 미치는 재무적 영향에 대한 가이드라인을 제공하고 있다. 최근 기후변화의 중요성이 급증하고 있어 이에 따라 그 영향력도 급부상하고 있다.

TCFD는 2017년에 'TCFD 권고안'의 발표를 통해 기후변화와 관련된 4가지 핵심 요소인 ①지배구조, ②전략, ③관리, ④측정 지표 및 목표별로 기후 리스크 정보를 공개하도록 하고 있다. 이를 통해 금융안전성 모니터링에 기후 위기 리스크를 반영하도록 하여 기업의 리스크 관리에 필요 요소로 인식하게 하고 있다.

이들 지표 간 주요 특징은 다음과 같다.[6]

ESG 평가 지표 비교

	GRI Standards 글로벌 지속가능성 보고 표준	SASB Standards 지속가능성 회계기준	TCFD 권고안 기후변화 관련 재무정 보 공개협의체 권고안
시작	2016	2018	2017
주체	GRI (Global Reporting Initiative)	지속가능성 회계기준위원회	기후변화 관련 재무정보공개 협의체
특징	모든 기업과 이해관계자를 대상으로 한 경제, 환경, 사회 분야에 대한 지속가능경영 보고용 가이드라인	재무적 성과와 연계된 ESG 관련 요소에 대한 산업별 세부 지침	기후 변화 관련 리스크와 기회요인 등이 끼치는 재무적 영향
평가 지표	보편적 표준 GRI 1,2,3 (산업 부문별 표준: 40개, 주제별 표준: 31개)	총 30개 지표 (지배구조7, 사업모델4, 환경자본7, 사회자본6, 인적자본6)	총 11개 지표 (지배구조2, 전략3, 위험관리3, 지표와 감축3)
활용 목적	이해관계자에게 지속가능성 보고에 대한 표준 제시	산업별로 중요한 ESG 이슈에 대해 기업의 성과 비교	기업들의 기후 관련 전략 정보 공개

참고로 국제지속가능성기준위원회(International Sustainability Standards Board, ISSB)는 전 세계에서 통용 가능한 ESG 공시기준을 마련하기 위해 2021년 제26차 유엔기후변화협약 당사국총회(COP26)에서 IFRS 산하로 설립되었다.

ISSB의 목표는 자본시장에 대한 효과적인 지속가능성 공개를 구현하고, 더 나은 투자 의사 결정을 지원하는 것으로 2022년 3월, 지속가능성 공시를 위한 최초의 기준서인 'IFRS S1 일반 요구사항'과 'IFRS S2 기후 관련 공시'에 대한 공개초안을 발표하였다. 이후 2023년 6월 26일 ISSB는 첫 번째 '국제 지속가능성 공시기준서'를 발표했다. ISSB

6 https://news.samsungsemiconductor.com 참조.

가 공개한 지속가능성 공시기준 최종안은 '일반적 지속가능성 관련 공시 요구안(S1)'과 '기후 관련 공시안(S2)'으로 나뉜다.

- S1 : 지속가능성 보고의 '핵심기준선'으로 기업이 단중장기에 걸쳐 기업의 자금흐름, 금융 접근성, 자본비용에 영향을 미칠 수 있는 위험 및 기회에 대한 정보를 투자자에게 제공해야함을 명시
- S2 : 기후완화 및 기후적응에 특화된 공시기준으로 기업의 온실가스(GHG) 배출량 보고가 핵심

2. 보고서 평가기관

앞에서 작성한 기업들의 지속가능경영보고서는 다음과 같은 평가기관들에 의해 평가된다. 주요 평가기관으로 MSCI(Morgan Stanley Capital International)와 CDP 등이 있다.

1) MSCI

MSCI(Morgan Stanley Capital International)는 세계 3대 투자은행 중 하나인 모건스탠리가 만든 글로벌 평가기관으로 2009년부터 ESG에 대해 평가하고 있다.

MSCI는 환경, 사회, 지배구조별로 35개의 세부 ESG 요소 중 기업의 산업 특성을 고려해 중요 평가 기준을 6~10개를 선정한 후 해당 기준을 중심으로 가중치를 두어 평가한다.

이를 통해 해당 기업이 속한 산업군과 관련된 ESG 주요 이슈가 무엇이며, 해당 기업이 ESG와 관련해 노출된 리스크 요소가 있는지, 있다면 이를 어떻게 관리하는지 등 ESG 관련 기회의 포착 정도를 분석해 평가 기준을 선정하고 있다.

〈MSCI 홈페이지〉

출처: https://www.msci.com

2) 탄소정보공개 프로젝트(CDP)

탄소정보공개 프로젝트(Carbon Disclosure Project, CDP)는 2000년 영국에서 설립된 국제 비영리기구로써 MSCI와 달리 기후변화와 관련한 기업 정보만을 평가하여 투자 위험도 및 기회를 체계적으로 측정하고 반영하도록 하고 있다.

04 B Lab의 사회투자생태계 조성

1. 개요

비랩(B Lab)[7]은 사회의 어려운 문제를 기업의 힘으로 개선해 포용적

7 미국의 사회적 기업 지원기관으로서 사회적 목적을 수행하는 기업의 지원, 성과평가, 인증, 관련 입법 활동을 수행하고 있다.

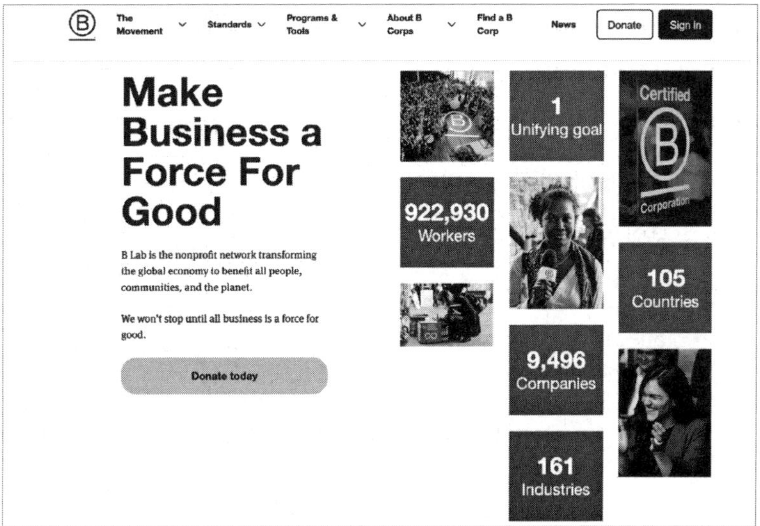

〈B Lab 홈페이지〉

출처: https://www.bcorporation.net

이고 공정하며 재생가능한 경제시스템을 만들어가는 글로벌 네트워크로써, B Impact Assessment는 B Lab에서 운영하는 기업의 긍정적 사회, 환경적 임팩트를 측정하는 도구로써 무료로 제공되며 비콥 인증에 활용된다.

2. B 임팩트 평가

B 임팩트 평가(B Impact Assessment, BIA)는 기업이 사람과 환경에 미치는 긍정적 영향의 측정과 관리를 돕는 평가 도구로 지배구조, 기업구성원, 지역사회, 환경, 고객 등 총 5가지 분야별로 기업운영과 비즈니스 모델을 평가하고 있다.

여기서 지배구조 부문은 사회 환경적 미션을 가지고 투명하고 공정한 지배구조 아래 운영되고 있는지를, 기업구성원 부문은 모든 기업구성원에게 건강한 근무환경을 제공하고 있는지를, 지역사회 부문은 지역사회에 미치는 긍정적/부정적 영향을, 환경 부문은 환경을 오염시키지 않는 지속가능한 운영에 대해, 고객 부문은 고객과 소비자를 위한 임팩트와 가치를 어떻게 창출하고 관리하는지를 확인한다.

이들 분야별 주요 평가 기준은 다음과 같다.

B Corporation의 평가기준

분류	주요 평가 기준
지배구조 (governance)	기업 미션 및 참여
	기업 윤리 및 투명성
기업구성원 (workers)	재정 안정성
	건강, 웰빙, 안전
	경력 개발
	복지와 만족
지역사회 (community)	다양성, 공정성, 포용성
	경제적 임팩트
	시민사회 연계 및 기부
	공급망 관리
환경 (environment)	환경 경영
	대기 및 기후
	물
	토양 및 자연 생태계
고객 (customer)	고객 스튜어드십

BIA는 현재 전 세계 20만 개 이상의 기업이 사용하고 있으며, 회사의 규모와 산업군 등에 따라 다음과 같은 다양한 질문을 통해 평가된다.

지배구조 관련

Q. 기업에 미션이 존재하며 어떤 항목을 포함하나요?

Q. 당신의 기업은 사회환경적 미션에 관련해 어떠한 종류의 직원 교육을 제공하나요?

Q. 의사결정과정에 사회 환경적 요소를 어떻게 반영하나요?

Q. 당신의 기업은 공개적으로 사회환경적 성과에 대한 정보를 공유하나요?

기업 구성원 관련

Q. 가장 높은 급여를 받는 직원의 급여와 가장 낮은 급여를 받는 정규직원의 급여는 몇배의 차이를 보이나요?(보너스 포함)

Q. 기업의 모든 직원에 대해 업무수행 피드백을 제공하는 공식 프로세스가 존재하나요?

Q. 기업구성원 누구나 볼수 있도록 서면으로 된 직원 안내서가 마련되어 있나요?

Q. 기업구성원에게 마련되는 복리후생 항목에는 어떤 것들이 있나요?

Q. 기업 경영진 혹은 창립자가 아닌 직원에 의해 소유된 기업 지분은 몇 %인가요?

지역사회 관련

Q. 직원 중 몇 퍼센트가 저소득 지역에 거주하고 있나요?

Q. 주요 공급자 중 여성과 소외계층의 비율은 몇 퍼센트인가요?

Q. 지난 회계년도에 기업이 자선단체에 기부한 금액은 얼마인가요?

Q. 지역의 공급자에게 기업은 얼마나 비용을 지출하고 있나요?

Q. 기업에서 현재 실행하거나 정책적으로 명시된 기업시민 프로그램이 있나요?

환경관련

Q. 기업 상품 중 재활용 및 친환경재료로 만들어진 비율은 몇 퍼센트인가요?

Q. 기업에서 물 사용량을 모니터링하고 관리하나요?

Q. 기업 시설 내 에너지 보존과 효율성 향상을 통해 어느 정도의 에너지를 절감하였나요?

Q. 기업에서 온실가스 배출 scope1, scope2에서의 배출량을 측정하고 기록하나요?

고객관련

Q. 고객 만족과 고객 유지를 위해 어떤 노력을 하고 있나요?

Q. 고객 의견을 제품 및 서비스에 반영하는 공식적인 절차가 있나요?

위에서 평가된 결과는 투자보고서 형식으로 사회투자자 및 관련 이해관계자들에게 제공된다.

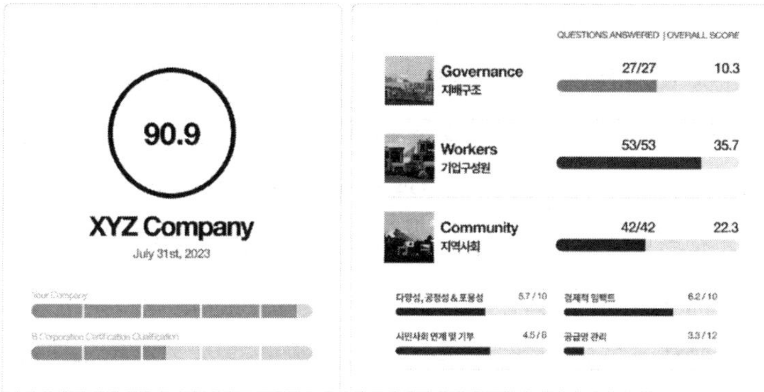

〈B Impact Assessment 리포트(예시)〉

3. 비콥 인증

비콥(B Corp)은 재무적 성과와 사회적 성과를 균형있게 추구하며 비즈니스로 더 나은 사회를 만들고자 하는 기업에게 부여되는 브랜드이자 고유명사로써 규모, 지역, 산업군, 기업 형태에 관계없이 인증된 기업에게 부여된다.

인증을 받기 위해서는 B Impact Assessment의 80점 이상을 획득해 '사회 환경적 성과'를 충족시켜야 하며, 이후 평가 결과의 공개라는 '투명성'과 함께 비콥 선언문에 서명하는 등 모든 이해관계자에게 책임 있는 법적 요건을 완비하는 '책무성'이라는 세 가지 요건을 모두 충족했을 때 부여된다.

2019년부터 한국과 글로벌을 잇는 비랩의 국가 파트너로 비랩코리아가 활동면서 비콥 운동의 전파·확산 및 비콥 인증팀의 표준 개발에 의견 개진 등 한국에서의 필요와 요구를 전달하고 있다.

2024년 기준, 한국에는 20여 개 이상의 기업이 B-corp 인증을 획득

한 것으로 파악된다. 이들 기업은 소셜벤처, 친환경 제품 생산 기업, 지역사회 문제 해결형 스타트업 등 다양한 분야에 속해 있으며, ESG 경영 실천과 사회적 가치창출을 핵심 전략으로 삼고 있다. 이들은 B-corp 인증을 통해 글로벌 표준과 연계된 평가 체계(예: IRIS+ 지표와의 정렬)를 갖추고, 투자자 및 소비자 신뢰 확보, 국제 시장 진출, 파트너십 확장에 활용하고 있다.

한국에서 B-corp 인증 평가에 대한 관심은 점진적으로 확대되고 있으나, 아직 미국이나 유럽에 비해 대중적 인지도와 기업 참여율이 높은 편은 아니다. 초기에는 주로 사회적 가치 실현을 핵심 경영 전략으로 삼는 소셜벤처나 사회적기업, 임팩트 투자사가 B Impact Assessment를 활용하여 B-corp 인증을 받는 사례가 중심을 이루었다. 최근 들어 ESG 경영 패러다임이 본격적으로 자리 잡으면서, B-corp 인증은 이를 강화하고 기업 신뢰도를 높일 수 있는 유용한 글로벌 기준점으로 받아들여지고 있다.

Chapter 11

사회적 경제의 도전과 과제

01 좋은 의도만으로 충분할까?

지난 20여 년간 기업의 경제적 번영과 함께 환경친화적이며 사회적 책임을 동시에 수행하는 논의들이 활발하게 전개되어 왔다. 사회발전과 사업의 성공간 연관성은 갈수록 명확해지고 있음이 그 방증이라 하겠다. 사회에도 이로운 방식으로 재정적 성공을 추구하는 일은 기업들의 새로운 경제적 기회를 제공할 뿐 아니라 대중의 신뢰를 회복함을 위한 지상과제가 되었다. 소득불평등에서 기후변화에 이르기까지 민간 부문의 전문지식과 비즈니스 모델의 확장은 절대적으로 요구되고 있다. ESG에 관심을 갖는 기업들의 경우, 사회와 환경 및 재무성과를 개선할 수 있을 것임에는 의심의 여지가 없다. 관련된 리스크를 줄여 자본 비용을 낮추고, 이를 통해 마진 개선과 브랜드 가치 제고를 도모할 수 있기 때문이다. 이러한 선순환은 자본주의를 지속가능 형태로 발전할 수 있을 것으로 기대되었다.

그러나 GRI(Global Reporting Initiative)에 따른 CSR(Corporate Social Responsibility)를 제출하는 기업의 수가 동기간 100배나 증가하고 사회책임투자 또한 30조 달러 이상 늘어나 전체 운용자산의 3분의 1을 넘어섰음에도 불구하고 탄소배출은 꾸준히 증가하여 환경 피해가 가속화되고 있으며 사회적 불평등 또한 심화되고 있는 것이 현실이기도 하다.[1]

최근 들어 ESG 투자붐이 예전 같지 못하다는 지적이 일고 있다. 그린워싱(greenwashing) 등 기업들이 겉으로 보이는 모습에 치중했기 때문이라는 보도도 심심치 않게 소개되고 있다.

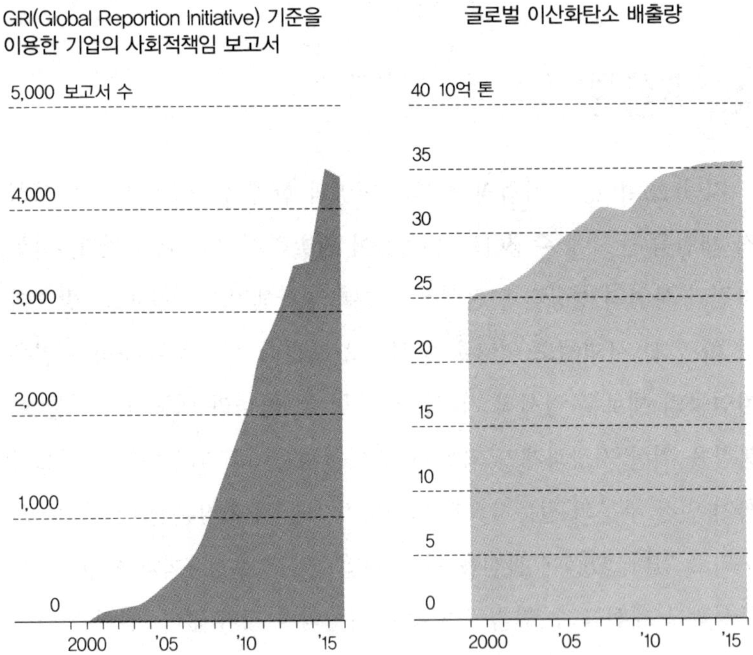

〈기업 사회적책임 보고서 수와 글로벌 이산화탄소 배출량〉
주: Kenneth P. Pucker (2021).

1 Kenneth P. Pucker (2021).

이를 좀 더 깊게 분석해보면 다음과 같은 혼란들이 발견된다.

첫째, 평가 기준이 보편적이지도 않으며 규제도 받지 않기 때문이다. 기업의 지속가능경영 보고서는 대부분 기업의 전적인 재량권하에 수행되는 등 제3자에 의해 검증을 받는 보고서는 소수에 불과하다. 이로 인해 투자자들은 비교가능하고 정확히 측정된 정보를 확보하기 어렵다.

둘째, 지구환경 보전이라는 핵심 목표 달성에 관한 영향 측정이 불가능하다. 과학에 기반해 목표를 수립하고 이에 맞춰 기업 배출량을 할당하는 관행은 아직 희망사항에 불과하다는 지적도 많다.

셋째, 우수 ESG 기업이 재무적 수익에 있어 마이너스가 아닌 상관관계를 보여주고 있음은 알 수 있으나, 더 높은 수익을 가져온다는 결과는 확인되지 못하고 있다. 사회와 환경에 관한 의사결정은 고객과 근로자가 위치한 지역에 영향을 미치게 되는데, 공급망의 분산과 외주화 등으로 인해 어느 정도 감사의 한계가 있기 때문이다.

퍼커(K.P. Pucker, 2021)는 지속가능투자의 주요 문제점으로는 지속가능 정의와 등급의 신뢰, 표준 지표 활용 등을 제기하고 있다.

먼저, 지속가능 정의의 무용함을 들고 있다. 글로벌지속가능투자연합(Global Sustainable Investment Alliance)에 따르면 사회책임투자 금액 3달러 중 약 2달러는 담배, 총기 같은 특정 분야 투자를 배제하는 이른바 '네거티브 스크린(negative screen)'이라는 펀드에 속하고 있다. 지속가능이라는 정의가 주는 불충분함으로 인한 문제이기도 하다.

둘째, 신뢰할 수 없는 등급의 문제이다. 기업이 공시하고 있는 데이터는 대부분 감시를 받지 않고 있으며 완벽하지도 않다는 문제가 있다.

셋째, 실적의 비교성이 결여되어 있다. 이는 GRI 등 표준 지표 활용 및 측정 방법론의 준수 결여와도 관련되어 있어 타 기업과의 비교는 물론 한 기업의 실적을 연도별로 비교하는 것조차 힘들기도 하다.

또 크레이머(M.R. Kramer)와 핏저(M.W. Pfitzer)는 지속가능한 비즈니스 모델을 구축하는 열쇠로 ESG 목표와 재무 성과 간에 분리된 시스템이 문제임을 지적하면서 이의 필수 연결고리를 형성할 것을 강조한다.[2]

조직의 사회적 환경적 행동이 전략 및 의사결정과 분리되고 사후 고려 사항이 되는 현 상태로는 지속가능성을 담보할 수 없음을 강조하면서 공유가치와 임팩트 경제에 집중할 때 기업은 비즈니스 모델, 자본투자, 운영에 근본적인 변화를 일으킬 수 있으며, 나아가 차별화와 경쟁우위를 통해 의미있는 기회를 창출할 수 있을 것으로 분석하고 있다. 이를 통해 사회적 불평등의 해소와 자연 생태계가 복구되는 방향으로 경제가 순환하게 될 것이다.

이상의 원인들의 기저에는 대부분의 기업이 ESG 요소와 기업 내부의 전략 및 운영 의사결정를 통합하지 않았다는 데 있다. 또 ESG 성과 개선이 기업 이익에 어떤 영향을 미치고 있는지를 투자자에게 제대로 설명하지 않고 있다는 점도 중요하게 언급되고 있다.

그러나 이보다 더 근본적인 이유가 있다. 바로 시스템에 대한 전반적인 이해가 부족하다는 점이다. 시스템은 복잡하고 역동적이기에 이에 대해 부분적으로 단순하고 정태적으로 접근하였다가는 번번히 한계를 경험하게 될 것이다.

원조된 식량으로 인해 자국의 농업이 피폐해지거나, 강화된 마약 단속이 오히려 마약 관련 범죄를 더욱 증가시켰다는 사례도 들어보았

2 Kramer, M.R. and M.W. Pfitzer (2022).

을 것이다. 문제를 일으키는 상호 연결된 전체 구조에 대한 이해가 부족해 관련 시스템을 너무 협소하게 파악했거나 너무 성급하게 단기적인 현상의 문제만 해결하려 했기 때문이다. 식량 원조는 자국 내 농업의 자생적 경쟁력을 약화시키고, 강화된 마약 단속은 유통된 마약량을 줄여 마약 가격의 상승으로 이어져 구입의 어려움을 가중시킬 수 있다는 것을 간과한 것이다.

이렇게 좋은 의도에서 추진된 정책들이 기대와는 달리 의도하지 않은 결과를 초래하는 경우를 흔하게 목격하게 된다. 더구나 만성적이고 복잡한 사회 문제를 해결하려고 하는 소셜 임팩트 비즈니스의 경우에는 더욱 예기치 못한 결과로 인해 심히 당황스러운 상황에 봉착할 가능성이 크다. ESG 이슈에 대한 높은 관심에도 불구하고 의미 있는 진전을 보인 기업을 찾기 어려운 이유도 이와 무관하지 않다.

02 어떻게 해야 할까?

왜 이런 일들이 일어나게 되는가? 이제 우리는 어떻게 해야 할까? 과연 인류는 새로운 길을 성공적으로 모색해 안착할 수 있을까? 이상의 질문에 대해 다음과 같이 행태와 구조로 나누어 살펴보고 마지막으로 이러한 도전에 대한 해결 과제이자 전략을 소개하며 마무리하고자 한다.

먼저는 ESG 실행과 관련된 기업의 행태적 측면에서의 문제이다. 이는 기업의 리스크와 기회를 재정의하고, 기업 운영 철학과 전략,

자원 배분, 이해관계자와의 관계 개선을 동시에 도모해야 하는 도전 과제와 직결되어 있다.

다음으로 이 행태를 유발하고 있는 기업의 구조적이고 시스템적 관점에서도 문제가 제기되고 있다. 행태의 원인으로써 구조 파악에 소홀하면 시야가 좁아져 대부분 단기적 해법에 안주해 근본적 문제를 알고서도 회피하여 일을 키우거나, 의도하지 않았던 부작용에 봉착해 난조에 빠지는 우를 범하게 된다. 시스템 사고는 관련된 시스템의 피드백 현상을 파고들게 하여 관련된 인과흐름의 지연을 파악하게 하거나 그 경계를 좁게 해석함에서 벗어나도록 도움을 준다.

1. 행태적 측면에서

크레이머(M.R. Kramer)와 핏저(M.W. Pfitzer)에 따르면, 공유가치와 임팩트 창출의 가장 큰 문제는 이익 극대화하는 단일 목표를 위해 협업하는 기업의 욕구와 경영관리 등의 경험이 부족한 다수의 이해관계자가 사업을 진행함에 있다.[3]

이를 위한 프로세스로 다음과 같이 6단계를 소개하였다.

첫째, 조직의 주요 ESG 이슈를 파악하라. 이를 위해 국제 지속가능성 표준위원회(International Sustainability Standards Board, ISSB)[4]의 산업별 주요 ESG 이슈 리스트를 참고할 것을 권고하고 있다.

둘째, 보고서가 아니라 전략에 집중하라. 긍정적인 사회적, 환경적

3 Kramer, M.R. and M.W. Pfitzer (2016).

4 이는 특정 부문내에서 비즈니스의 재무 상태나 운영 성과에 영향을 미칠 수 있는 거버넌스, 지속가능성 또는 사회적 요인들을 정의해 놓았다. https://www.ifrs.org/groups/international-sustainability-standards-board/

결과를 전략에 포함하여 비즈니스 모델을 재창조하고 경쟁사와 어떻게 차별화할 것인가를 수립해야 한다.

셋째, 이익의 영향 강도(impact intensity of profit)를 최적화하라. 이는 ESG 이슈와 관련된 조직의 가장 중요한 긍정 또는 부정적 영향과 이익 간의 관계를 의미한다.

넷째, 조직 이익과 사회적 혜택 간의 상충 관계를 피하기 위해 협력하라.

다섯째, 조직의 역할을 재설계하라. 기존의 CSR 부서를 넘어 조직의 전략과 운영과 관련된 의사결정을 내릴 수 있는 권위를 가진 전문가의 참여가 필요하다.

마지막으로 투자자와 소통하라. 이익의 영향 강도를 개선하기 위한 전략을 투자자에게 설명하고 명확한 목표 달성 의지를 소통하며 그 진행 상황을 공개적으로 보고함이 필요하다.

2. 구조적 측면에서

지속가능성의 핵심은 만물이 곧 시스템임을 이해하는 것이다. 개별 요소가 상호의존적인 관계를 맺은 것을 시스템이라 한다. 시스템을 이해해야 하는 이유는 복잡성(complexity) 때문이기도 하다. 상호 다양한 연관관계를 갖는 다수의 구성요소들로 인해 발생하는 복잡성은 개별 요소에서는 나타나지 않는 특성을 보여준다. 그 대표적인 특성이 회복력이다. 시스템 스스로가 환경변화에 적응하여 완충능력과 대비책을 갖고 있다는 뜻이다. 이를 발생적 속성(emergent properties) 또는 창발(emergency)이라 한다. 이렇게 발생한 변화가 최고의 균형이다. 따라서, 시스템을 이해한다면 시스템이 보이는 회복력을 믿을 수 있고 이로 인해 지구라는 시스템이 다시 원래의 모습대로 자정될 수 있도록 인간의 통제를 완화하고 불필요한 개입 없이 충분한 시간을 갖고 인내해야 한다.

이러한 접근을 통한 혁신 전략을 제시한다면, 지속가능성 제고를 위한 구조적 측면에서의 해법이 될 수 있을 것이다.[5]

하워드-그랜빌(Howard-Grenville, 2021)은 제대로 된 ESG 측정법은 반드시 필요하지만 측정보다 더욱 중요한 것은 실행임을 역설하고 있다. 측정의 함몰은 복잡한 실행 프로세스에 대한 통찰력을 제공하지 못할 때가 많음에 주목하여 측정으로 인해 거시적 시스템을 간과하는 우를 범하지 말 것을 강조한다.

실행 능력의 제고를 위한 프로세스와 시스템에 대한 정보를 놓치지 않기 위해, 그는 첫째, 가까이 들여다봄을 통해 실행에 필요한 프로세스에 대한 통찰력을 개발할 것과 둘째, 시야를 넓혀 시스템이라는 큰 그림을 볼 것 셋째, 호기심과 학습을 중시할 것을 요구하고 있다. 지구를 살리는 기업으로 평판을 얻은 파타고니아(Patagonia)가 옷감보다 지퍼가 빨리 망가짐에 착안하여 지퍼 교체를 쉽게 했다는 사례를 통해 실행과 학습에 중점을 둔 기업들이 성장하고 있음에 주목하자.

스트로(D. P. Stroh, 2022)는 다음과 같은 다섯 가지 측면에서 평가할 것을 권장하고 있다.

첫째, 현실적 목표를 설정한다. 현실을 반영해 모든 것을 한꺼번에 실현하려는 목표를 세우지 않도록 한다. 이러한 비현실적 목표는 과

5 Reeves 외 (2020).

도한 스트레스와 과부하, 합의 결렬, 소모된 관계 등을 유발하여 오히려 조기 포기를 불러일으킨다.

현실적 목표를 세우되 그 수가 세 가지 이하가 되도록 하며, 장단기 목표를 구분하여 수립하도록 한다.

둘째, 명확한 주요 지표 및 측정 기준을 규정한다. 측정 기준에는 양적 및 질적 기준이 있으며, 특히 질적 기준의 경우 이해당사자와의 인터뷰 및 의견조사가 도움이 된다.

미국 생산성 및 품질 센터(American Productivity and Quality Center)가 개발한 생산성, 효과성, 효율성이라는 세 가지 유형의 측정 기준을 참고할 필요가 있다.[6]

셋째, 단기적 영향과 장기적 영향을 다르게 생각한다. 장기적 결과를 배제하고 단기적 효과에만 치중할 경우 임시방편에 머무를 가능성이 크다. 이는 의도하지 않은 장기적 부작용의 초래를 일으킬 수 있다.

넷째, 결과를 다양한 측면에서 살핀다. 의도하지 않은 결과의 부정적 또는 긍정적 측면은 무엇일지와 의도한 측면은 무엇인지 등을 예측해 보아야 한다.

다섯째, 지속적 학습에 전념한다. 복잡하고 예측할 수 있는 대상의 평가에서 흔히 발견되는 예상치 못한 결과를 한 번의 평가로는 파악할 수 없다. 따라서 지속적인 평가와 그 결과에 대한 환류 학습이 항상 필요하다.

다음과 같은 유용한 질문을 항상 되새겨야 한다.

---

6 생산성은 투입량(input)에 대한 결과(outcome) 비율이며, 효과성은 산출량(output)에 대한 결과의 비율, 효율성은 투입량에 대한 산출량의 비율을 나타낸다. 여기서 투입량은 소비된 자원의 양이고, 산출량은 생산된 자원의 양이며, 결과는 의도된 수혜자들이 달성한 결과를 의미한다.

첫째, 우리의 좋은 의도는 우리가 진정으로 관심을 가지는 문제를 해결하기에 어떤 부분에서 부족한가?

둘째, 우리는 왜 최선을 다했음에도 불구하고 원하는 만큼의 성공을 얻지 못했는가?

셋째, 생각이 다른 사람들의 노력을 더 효과적으로 조율할 방법은 없는가?

넷째, 사업의 성공을 위해 포기해야 할 것은 무엇인가?

다섯째, 제안된 해결책에는 어떠한 예기치 않은 결과가 따를 수 있는가?

여섯째, 우리는 지속적인 학습과 지원을 어떻게 보장하고 있는가?

기업의 경영진과 투자자들은 시스템의 규칙과 인센티브에 따라 움직인다. 행태는 구조의 산물이라는 시스템 사고의 기본적인 주장에 입각할 때 최고의 시스템 에너지는 패러다임의 전환에서 발생한다. 따라서 지속가능 시스템의 구축을 위한 제1 목표로 부의 창출을 복지로 변경하고, 차가운 숫자인 GDP가 아닌 OECD의 더 나은 삶의 지수(Better Life Index)[7] 등의 지표에 초점을 맞출 필요가 있다는 퍼커(Pucker, 2021)의 주장을 눈여겨보아야 할 것이다.

3. 전략적 측면에서

사회적 경제조직이 사회적 사명을 더 효과적으로 수행하기 위해서는, 사회적 책임이 기업의 본질적 활동인 이익창출로 이어지는 연결고리를 명확히 도출해야 하며 이를 통해 사회적 경제가 확산된다. 이

---

7 https://www.oecdbetterlifeindex.org/#/11111111111

것이 사회적 경영의 핵심적 역할이다.

따라서 우리나라의 사회적 경제조직이 지속적으로 성장하기 위한 사회적 경영은 다음과 같은 핵심전략을 지렛대로 활용하여야 할 것이다. 주지하다시피 지렛대는 최소의 힘으로 최대의 효과를 얻는 수단이다. 이것이 전략이다.

지속가능한 사회적 경제조직이 갖추어야 할 4대 전략으로 우리가 찾은 지렛대를 정리하였다. 이는 철저하게 시스템 사고, 균형적 사고 및 프로세스 중심 사고라는 3대 사고혁신을 통해 구체화되고 실현될 것이다. 향후 그 지렛대를 언제 사용하고 어느 지점에 꽂아야 할 것인가의 시점과 지점에 대한 논의가 이어져야 할 것이다.

첫째, 연결의 경제성에 입각해야 한다. 사회적 가치는 삶의 전방위적으로 요구되고 있다. 이를 창출하는 조직이 지속가능한 경쟁력을 확보하기 위해서는 분절되고 특화된 소수의 기능만으로는 한계가 있음이 자명하다. 공유가치는 기존의 개별화된 가치 사이에 존재하기에 이 간극을 메울 수 있는 양쪽 간의 접촉이 필연적이다.

따라서 정부, 비영리기관, 영리기업, 고객 등 관련 조직 간의 연계와 클러스터의 형성뿐 아니라 CSR, 전략기획, 비즈니스개발, 마케팅 등 조직 내에서도 관련 부서 간의 협력은 필수적이다. 특히, '공익을 위한 로비'의 차원에서 정부 정책 형성 과정에 적극적으로 참여하며, 외부의 자원봉사자, 기부자, 자문위원 등에게 의미 있는 경험을 갖게 하여 강한 공동체를 형성해야 한다. 또 다른 단체를 이익을 나누는 경쟁자로 보지 말고 더 큰 이익을 실현시킬 협력자로서 적극적으로 연대하여 자금, 기술, 재능과 능력을 나누어 넓혀야 한다. 새로운 길을 모색할 때 하나의 퍼즐로 전체 지도를 찾아내기 어렵다는 것을 명심하라. 각자가 갖고 있는 부분적인 퍼즐들을 서로 맞추어봄으로써 길을 찾아야 한다.

둘째, 리더십이 매우 중요하다. 연결의 경제성의 확보는 이의 필요성을 인식한 선도적 리더십에 의해 추진될 수밖에 없다. 공유가치창출이라는 가보지 않은 길을 가야 할 때 소신 없이 길을 떠난다면 표류하거나 되돌아오기 쉽다. 이때 사회적 사명감에 충만한 과감한 리더십이 필요하다. 또한 동행자들은 먼 길을 함께 가야 하지만, 아직은 이러한 가치에 충만하지 않다. 따라서 동행자들이 믿고 스스로 사명감을 가질 수 있도록 민주적이고 권한 위임적인 리더십 역시 발휘되고 공유되어야 한다.

셋째, 핵심역량에서 출발하여야 한다. 자신이 가장 잘 할 수 있는 분야에서 시작하여 혁신하면 여타 혁신은 한결 쉬워진다. 그 핵심역량을 구성하는 가치사슬별로 사회문제로 인해 영향을 받는 것과 사회변화를 일으킬 수 있는 가능성을 조사하고 분석함이 필요하다. 그리고 버릴 것을 확실히 한다. 이러한 별개의 노력이 서브마켓, 백도어 채널진입 등 새로운 시장창출의 단서를 제공하게 될 것이다. 이를 위해 김위찬 등이 제시한 전략의 마음가짐(mindset)을 활용해 볼 수 있을 것이다. 자신과 경쟁사와의 수익, 고객, 인재별 가치제안을 작성해 보는 것이 도움이 될 것이다.

마지막으로 사회적 영향력을 중시하고 최종 성과와 시스템이 이전보다 어떻게 변하고 발전했는지 평가하고 관리한다. 평가의 기준은 이해관계자에게 나누어준 기존 가치의 재분배가 아닌, 그들에게 제공한 경제적·사회적 가치의 총량인 공유가치가 얼마나 확대되었느냐에 있다. 이것이 영향, 즉 임팩트이다. 아무리 사회적 경제조직이 사회적 가치창출에 열정적이라고 하더라도 그 미션을 성과로 전환시킬 능력을 확보하지 않으면 지속될 수 없을 뿐 아니라 탄생시켜준 사회에 대한 책임에서도 자유로울 수 없다. 사회적 경제조직이 미션 중심성에만 머무른다면 이제 정당할 수도 또한 타당할 수도 없는 이유가 여기에 있다.

영국의 공익 싱크탱크인 영 재단의 대표이자 사회혁신 운동가인 멀건(G. Mulgan)이 전하는 사회혁신의 3가지 주요 특징을 상기하기 바란다. 첫째는 사회혁신은 대개 기존 요소들의 조합 및 혼합의 결과이며, 그 자체로 완전히 새로운 것은 아니라는 것이다. 둘째는 사회혁신의 현실화 작업은 조직, 부문, 학제 간 경계를 넘어서 관련된다는 것이다. 마지막 하나는 사회혁신은 분리되어 있던 개인과 그룹이 새로운 사회적 관계를 맺음으로 비롯된다는 것이다.

따라서 사회적 경영자와 사회혁신가들과 같은 다양한 분야와 경계를 넘나드는 '연결자'의 역할이 매우 중요하다. 이들은 사람, 아이디어, 자금과 세력을 서로 연결하고 협력시켜 새로운 시장을 개척하며 사회를 지속적으로 성장시킨다. 그 중심에 지속가능성을 담보하기 위한 사고의 혁신과 경영의 혁신이 있다.

과연 인간이 중심이면 지는가?

그런 세상이 지속가능할 수 있는가?

참고 문헌

고중선, 저소득층 시장에서의 혁신? 유통망과 가격 장벽 잊기 마라, 동아비즈니스리뷰 No.77, 2011.

권운혁, "컴윈 사례를 통해 본 자활기업의 성장과 과제", 자활기업㈜컴윈 10주년 자료집, 2013.

권운혁, "심층인터뷰 자료", 2015년 2월 5일.

김도훈, 시스템사고로 본 정부의 규제정책, 한국시스템다이내믹스 연구 6(2), 2005, pp. 53~71.

김동환, 시스템 사고, 선학사, 2011.

김미정·이제원·정상길·조미연·이주원, 사회적경제조직에 의한 빈집 활용 방안 연구: 공유주택으로의 활용을 통한비즈니스 모델 연구, 나레 주거재생협동조합, 2014.

김성기 외, 사회적경제의 이해와 전망, 아르케, 2014.

김순양, 사회적기업에 대한 성과평가 지표의 개발 및 적용, 지방정부연구 12(1), 2008, pp. 31~59.

김언수, TOP을 위한 전략경영 2.2, 박영사, 2004.

김위찬·르네 마보안, 블루오션 전략, 교보문고, 2005.

김재구, 수익창출하면서 삶의 질 향상 혁신의 프론티어, 사회적기업 키우자, 동아비즈니스리뷰 117, 2012, pp. 82~87.

김종래, CEO 칭기스칸, 삼성경제연구소, 2006.

김현대·하종란·차형석, 협동조합, 참 좋다, 푸른지식, 2012.

김희경·성은숙, BSC: 실천매뉴얼, ㈜시스마인사이트컴, 2002.

노희진, 사회적기업 육성 방안, 자본시장weekly (6), 2013.

도현명·박동천, 기업경쟁력 높이는 CSV, 첫발은 측정이다, 동아비즈니스리뷰 93, 2011a, pp. 28~33.

도현명·박동천, 기업, 정부, 시민단체의 경계 허무는 창조적 자본주의로 공유가치창출하라, 동아비즈니스리뷰 92, 2011b, pp. 34~39.

도현명·전상욱, 경제적·사회적가치 모두 생산하는 임팩트비즈니스가 온다, 동아비즈니스리뷰 88, 2011, pp. 88~93.

라준영 외, 사회적 가치는 어떻게 측정하는가, 사회적가치연구원, 2023.
문철우 외, 사회적 가치측정 도구를 활용한 사회적기업의 자본투자 활성화 방안 연구, 한국사회적기업진흥원, 2011.
박원순, 올리버는 어떻게 세상을 요리할까?, 이매진, 2011.
박재희, 경영전쟁 시대 손자와 만나다, 크레두, 2008.
사회적기업연구원, 사회적기업 사회적가치 측정 지표개발에 관한 연구, 한국사회적기업진흥원, 2011.
신유근, 인간존중경영, 다산출판사, 2005.
안수현, 사회적 기업의 조직형태와 자금조달 지원을 위한 외국의 입법과 시사점, 증권법연구 13(2), 2012.
안은정, 이제 임팩트 투자가 대세, 수익과 사회 혁신 동시에 잡아라, 동아비즈니스리뷰 117, 2012, pp. 108~111.
안철수, 영혼이 있는 승부, 김영사, 2001.
이견직 외, 사회적경제의 이해와 전망, 아르케, 2014.
이견직, 의료경영학, 청람, 2021.
이견직, 생산운영관리, 청람, 2021.
이견직, 생명경영원칙, 박영사, 2025.
이수연, 협동조합 확산 예상, 우리사회 대안이 되길, 새사연 브리핑, 2013.
이승규, 사회적 기업평가도구 개발, 실업극복국민재단 정책연구원 심포지움, 2007.
이윤재·강달원·이화진, 나눔과 상생의 경제: 사회적기업, 탑북스, 2012.
이인재, "사회적 기업 컴원 성공요인과 발전과제," 동향과 전망, 66, 한국사회과학연구소, 2006.
이인재·김혜원·정선희·김성기·강병로·김현민, 사회적기업 육성정책 평가및 과제, 고용노동부, 2014.
이인재·황주희, 사회적기업 생태계 활성화 방안과 정책적 함의, 한국사회와 행정연구24(1), 2013.
이재규, 피터 드러커의 경영전략, 사과나무, 2004.
이주원·김미정·윤전우·김주란, 사회적경제조직 네트워크를 통한 주거재생 혁신 클러스터 구축과 정책개선 방안 연구, ㈜두꺼비하우징, 2014.
자본시장연구원, 사회적기업 육성을 위한 자본시장 조성방안 연구, 2012.
장하준·정승일, 쾌도난마 한국경제, 부키, 2005.
전병유 외, 사회적기업 실태 조사 연구보고서, 한국사회적기업진흥원, 2012.
정재운 외, 시스템 다이내믹스의 정책지렛대를 활용한 RTE 핵심성공요인 도출에 관한 연구, 정보시스템연구 16(4), 2007, pp. 177~194.
정희태 외, BSC기반의 중소병원 경영성과예측 시스템다이내믹스 모델개발, 한국시스템다이내믹스 연구 8(2), 2007, pp. 209~304.

조달호·김범식·최봉, 서울형 사회적기업의 성과 및 정책방향, 서울시정개발연구원, 2012.

조동성, 21세기를 위한 경영학, 서울경제경영, 2002.

조동성, 자본주의 5.0시대의 경제민주화, 전문경영인연구 15(3), 2012.

조현웅·연승준·김상욱, BSC의 한계 극복을 위한 시스템다이내믹스의 활용, 한국 시스템다이내믹스 8(1), 2007, pp. 211~227.

최동석, 다시쓰는 경영학, 21세기북스, 2013.

최정규, 이타적 인간의 출현, 뿌리와 이파리, 2009.

한국기업지배구조원, 임팩트투자 관련 글로벌네트워크의 대정부 주요권고 내용, CGS Report, 4(18), 2014.

한국법제연구원, 새로운 CSR 전략 모색을 위한 법제화 연구, 산업통상자원부 연구용역, 2013.

야마다 아키오 (김현희 역), 야마다사장 샐러리맨의 천국을 만들다, 21세기 북스, 2007.

호소우치 노부타카 (정정일 역), 우리 모두 주인공인 커뮤니티비즈니스, 이매진, 2006.

Amin, A. (Ed.), *The social economy: international perspectives on economic solidarity*, London: Zed Books, 2009.

Anderson, V. and L. Johnson, *Systems Thinking Basics: From Concepts to Causal Loops*, Pegasus Communications, 1997.

Austin, C.J. and S.B. Boxerman, *Quantitative Analysis for Health Services Administration*, MI: Health Administration Press, 1995.

Axelrod, R. (이경식 역), 협력의 진화, 시스테마, 2009.

Benkler, Y., "The Unselfish Gene," *Harvard Business Review*, 2011.

Berry, L.L. and K.D. Seltman, *Management Lessons from Mayo Clinic*, McGraw-Hill, 2008.

Bloom, D.E. and R. B. Freeman, "The Effects of Population Growth on Labor Supply and Employment in Developing Countries," *Population and Development Review* 12(3), 1986, pp. 381~414.

Bloom, D.E., D. Canning, and J. Sevilla, "The Effect of Health on Economic Growth: A Production Function Approach," *World Development* 32(1), 2003, pp. 1~13.

Bouri, A., "How Standards Emerge: The role of investor leadership in realizing the potential of IRIS", *Innovations* 6(3), 2011.

Bridge, S., B. Murtagh, and K. O'Neill, *Understanding the social economy and the third sector*, London: Palgrave Macmillan, 2009.

Brown, T., "Design Thinking," *Harvard Business Review*, June 2008.

Byrne, R. (김우열 역), 비밀, 살림출판사, 2007.

Capra, F. (김용정 · 이성범 역), 현대 물리학과 동양사상, 범양사, 2006.

CB Insights Research, The Top 12 Reasons Startups Fail, 2021

Chesbrough, H., "Business Model Innovation," *Strategy & Leadership* 35(6), 2007, pp. 12~17.

Christensen, C., R. bohmer, and J. Kenagy, "Will Disruptive Innovations Cure Health Care?," *Harvard Business Review*, Sep-Oct. 2000.

Cicourel, A.V., Notes on the integration of micro- and macrolevels of analysis. In K. Knorr-Cetina & A. V. Cicourel (Eds.), Advances in social theory and methodology: toward an integration of micro- and macro-sociologies (pp. 51~80), Boston: Routledge & Kegan Paul, 1981.

Collins, J. and J. Porras (워튼 포럼 역), 성공하는 기업들의 8가지 습관, 김영사, 2002.

Collins, J. (이무열 역), 좋은 기업을 넘어 위대한 기업으로, 김영사, 2002.

Collins, J., *Good to Great*, NY: HarperCollins, 2001.

Creswell, J.W. (조흥식 외 역), 질적 연구방법론: 다섯 가지 전통, 학지사, 2005.

Crutchfield, L.R. and H. Grant (김병순 역), 성공한 사회적기업과 비영리단체의 6가지 습관 - 선을 위한 힘, 소동, 2010.

Dees, J.G., J. Emerson, and P. Economy, *Strategic Tools for Social Enterpreneurs: Enhancing the Performance of Your Enterprising Nonprofit*, John Wiley & Sons, 2002.

Doherty, B. (박대석 역), 사회적기업경영론, 시그마프레스, 2008.

Doherty, B., G. Foster, C. Mason, J. Meehan, K. Meehan, N. Rotheroe, and M. Royce, *Management for Social Enterprise*, SAGE, 2009.

Drayton, B. and V. Budinich, "A New Alliance for Global Change," *Harvard Business Review*, 2010.

Drucker, P. (이재규 역), 경영의 실제, 한국경제신문, 2006.

Drucker, P., "What Makes an Effective Executive," *Harvard Business Review*, June 2004.

Drucker, P., *The Practice of Management*, NY: HarperCollins, 1954.

Fragkandreas, T., "Reflections on social capital and economic performance," *International Review of Sociology*, 22(2), July 2012, pp. 259~271.

Goldratt, E. and A. Goldratt-Ashlag (최원준 역), The Choice, 웅진윙스, 2010.

Goldratt, E. and J. Cox (강승덕 · 김일운 · 김효 역), 더 골, 동양문고, 2002.

Goldratt, E. and J. Cox, *The Goal: A Process of Ongoing Improvement*, North River Press, 1992.

Goldratt, E. (김일운 · 강승덕 역), 더 골2, 동양문고, 2002.

Goldratt, E., and E. Goldratt-Ashlag (최원준 역), The Choice (초이스), 웅진윙스, 2008.

Goodman, M., *The Iceberg Model*, MA: Hopkinton, 2002.

Hamel, G. and C. Prahalad, "Strategic Intent," *Harvard Business Review*, Jul.-Aug. 2005.

Hamel, G. (권영설 역), 경영의 미래, 세종서적, 2008.

Hammer, M. and J. Champy (공민희 역), 리엔지니어링 기업혁명, 스마트비즈니스, 2008.

Howard-Grenville, J., "ESG Impact is Hard to Measure, But It's Not Impossible", *Harvard Business Review*, January 22, 2021.

Huh, H., H. Lee and Y. Lee, "Demographic Shift and its Impact on Economic Growth," Korea and the World Economy VI Conference, University of Wollongong, 2007.

Iansiti, M. and R. Levien, "Strategy as Ecology," *Harvard Business Review*, 2004.

Johnson, M.W., C.M. Christensin, and H. Kagermann, "Reinventing Your Business Model," *Harvard Business Review* 86(12), 2008, pp. 50~59.

Kramer, M.R. and M.W. Pfitzer, "The Ecosystem of Shared Value", *Harvard Business Review*, October 2016.

Kania, J. and M. Kramer, "Collective Impact", *Stanford Social Innovation Review*, 2011.

Kaplan, R.S. and D.P. Norton, "The Balanced Scorecard Measures that Drive Performance," *Harvard Business Review*, Jan.-Feb. 1992.

Kaplan, R.S. and D.P. Norton, *The Balanced Scorecard*, MA: Harvard Business School Press, 1996.

Kaplan, R.S. and D.P. Norton, *The Strategy-Focused Organization*, MA: Harvard Business School Press, 2001.

Kaplan, R.S. and D.P. Norton, *The Balanced Scorecard*, MA: Harvard Business School Press, 1996.

Kaplan, R.S., *The Business Model Innovation Factory*, John Wiley & Sons, 2012.

Kaplan, R. and D. McMillan, "Reimagining the Balanced Scorecard for the ESG Era", *Harvard Business Review*, 2021.

Kim, W. and R. Mauborgne (강혜구 역), 블루오션 전략, 교보문고, 2005.

Kim, W. and R. Mauborgne, "Blue Ocean Strategy," *Harvard Business Review*, Oct. 2004.

Kim, W. and R. Mauborgne, How Strategy Shapes Structure, *Harvard Business Review*, 2009.

Kinsley, M. (김지연 역), 빌 게이츠의 창조적 자본주의, 이콘, 2008.

Kramer, M.R. and M.W. Pfitzer, "The Essential Link Between ESG Targets & Financial Performance", *Harvard Business Review*, 2022.

Kotler, P. and N. Lee (남문희 역), 필립 코틀러의 CSR마케팅, 리더스북, 2008.

Lynch, K. and J. Walls, *Mission, Inc.: the Practitioner's Guide to Social Enterprise*, Berrett-Koehler Publishers, 2009.

MacLeod, G. (이인우 역), 협동조합으로 지역개발하라: 몬드라곤을 보는 또 다른 시각, 한국협동조합연구소, 2012.

Malone, T.W., R. Laubacher and C. Dellarocas, "The Collective Intelligence," *MIT Sloan Management Review* 52(3), 2010.

Martin, R.L. and S.R. Osberg. "Social Entrepreneurship: The Case for Definition", *Stanford Social Innovation Review*, Spring 2007.

Martin, R.L. and S.R. Osberg, "Two Keys to Sustainable Social Enterprise", *Harvard Business Review*, May 2015.

Meadows, D.H., *Thinking in Systems*, Chelsea Green Publishing, 2008.

Miles, S.A. and M.D. Watkins, "The Leadership Team," *Harvard Business Review*, April 2007.

Morecroft, J., *Strategic Modelling and Business Dynamics: A Feedback Systems Approach*, John Wiley & Sons, 2007.

Mulgan, G. (김영수 역), 사회혁신이란 무엇이며, 왜 필요하며, 어떻게 추진하는가, 시대의 창, 2011.

Naveen, M., S. Ravi, N. Joel, and K. Samira, *Scaling Up: Catalyzing the Social Enterprise*, A.T. Kearney, 2015.

Nowak, M.A. and R. Highfield (허준석 역), 초협력자, 사이언스북스, 2011.

Nyssens, M. (Ed.), *Social Enterprise: at the crossroads of market*, public policies and civil society, London: Routledge, 2006.

OECD, OECD Health Data, 각년도.

OECD, *Social Enterprises*, OECD, 1999.

Osterwalder, A. and Y. Pigneur, *Business Model Generation: a handbook for visionaries, game changers, and challengers*, John Wiley & Sons, 2010.

Osterwalder, A., Y. Pigneur, G. Bernarda and A. Smith, *Value Proposition Design*, John Wiley & Sons, 2014.

Park Y., J. Glenn, T. Gorden, and E. Florescu (김건우 외 역), 유엔미래보고서 2030, 교보문고, 2012.

Parmenter, D., *Key Performance Indicators: Developing, Implementing, and Using Winning KPIs*, NJ: John Wiley & Sons, 2010.

Peters, T. and R. Waterman (이동현 역), 초우량기업의 조건, 더난출판사, 2005.

Pfeffer, J. (윤세준·박상언 역), 휴먼 이퀘이션, 지샘, 2001.

Porter, M. and E. Teisberg, "Redefining Competition Health Care," *Harvard Business Review*, June 2004.

Porter, M. and M. Kramer, "Strategy & Society: The Link Between competitive Advantage and Corporate Social Responsibility," *Harvard Business Review*, Dec. 2006.

Porter, M. and M.R. Kramer, "Creating Shared Value," *Harvard Business Review*, 2011.

Porter, M. and M.R. Kramer (우정이 역), "Creating Shared Value(이익+사회공헌, 공유가치를 창출하라)," 동아비즈니스리뷰, 2012.

Porter, M. (김경묵·김연성 역), 경쟁론, 세종연구원, 2002.

Porter, M., "What is Strategy?," *Harvard Business Review*, Nov.-Dec. 1996.

Porter, M., *Competitive Strategy: Techniques for Analyzing Industries and Competitors*, NY: The Free Press, 1980.

Poter, M., *The Competitiveness Advantage of Nations*, New York: The Free Press, 1990.

Prahalad, C.K. and G. Hamel, "The Core Competence of the Corporation," *Harvard Business Review*, May-June 1990.

Prahalad, C.K. (유호현 역), 저소득층 시장을 공략하라, 럭스미디어, 2006.

Pucker, K.P., "Overselling Sustainability Reporting", *Harvard Business Review*, May/June, 2021.

Reeves, M., S. Levin, T. Fink and A. Levina, "Taming Complexity", *Harvard Business Review*, Jan-Feb 2020.

Ridley-Duff, R. and M. Bull, *Understanding Social Enterprise: Theory & Practice*, SAGE, 2011.

Saul, J. (안젤라 강주현 역), CSR 3.0, 청년정신, 2011.

Schumpeter, J.A. (변상진 역), 자본주의 사회주의 민주주의, 한길사, 2011.

Sen, A. (원용찬 역), 센코노믹스: 인간의 행복에 말을 거는 경제학, 갈라파고스, 1999.

Senge, P. (강혜정 역), 학습하는 조직, 에이지21, 2014.

Stroh, D.P. (신동숙 역), 사회변화를 위한 시스템 사고, 2022.

Sterman, J.D., *Business Dynamics: Systems Thinking and Modeling for a Complex World*, McGraw-Hill Higher Education, 2000.

Swayne, L.E., W.J. Duncan, and P.M. Ginter, *Strategic Management of Health Care Organizations*, Blackwell, 2006.

The Boston Consulting Group, *The Power of Social Business*, 2013.

The Roberts Enterprise Development Fund, *Measuring Impact: REDF workforce development outcome measurement*, 2003.

Tyagi, R.K. and P. Gupta, *A Complete and Balanced Service Scorecard*, FT Press, 2008.

Ulrich, V., S. Rainer, Y. Muhammad, and B. Saskia, *The Power of Social Business*, The Boston Consulting Group, 2013.

UK Cabinet Office, The Guide to SROI, 2009.

Yin, R.K. (서경식 · 서아영 역), 사례연구방법, 한경사, 2008.

Zamagni, S. and V. Zamagni (송성호 역), 협동조합으로 기업하라, 북돋움, 2009.

http://www.bcorporation.net

http://www.foundationcenter.org

http://www.kiva.org

https://iris.thegiin.org

https://www.kickstarter.com

https://impactfrontiers.org/

"Human-Centered Design," Design Kit by IDEO.org, https://www.designkit.org/human-centered-design.html

BuuPass Hult Prize Winner 2016 Pitch, published by BuuPass, https://www.youtube.com/watch?v=XvJzjnpqMSk&t=306s

https://buupass.com

https://www.ecobana.co.ke

찾아보기

기타

본 과제(결과물)는 교육부의 재원으로 한국연구재단의 지원을 받아 수행된
3단계 산학연협력 선도대학 육성사업(LINC 3.0)의 연구결과입니다.

소셜 매니지먼트, ESG 그리고 임팩트 비즈니스

저　　자 이견직 · 곽진우 · 이동형
발 행 인 김지영
발 행 처 자유아카데미
주　　소 경기도 파주시 회동길 37-42
파주출판도시
전　　화 031-955-1321
팩　　스 031-955-1322
홈페이지 www.freeaca.com
전자우편 main@freeaca.com(대표)
editor@freeaca.com(편집)
crm@freeaca.com(영업)
등　　록 제406-2003-017호, 1980. 7. 12
제1판1쇄 2025년 5월 7일 발행

무단 복제를 금하며, 잘못된 책은 바꾸어 드립니다.
ISBN 979-11-5808-693-0 93320